NATURA Abiturtraining
Ökologie

Biologie

Lilla-Eliza Hell
Hanna Eckebrecht

Ernst Klett Verlag GmbH
Stuttgart · Leipzig · Dortmund

So lernen Sie mit NATURA

Ökologie

Aufgabenblatt

Die mit Material versehenen Aufgaben entsprechen denen in Klausuren und im Abitur.

Papageitaucher in verschiedenen Gebieten

Der Papageitaucher (*Fratercula arctica*) [B1] ist ein Seevogel. Er wird zwischen 25 und 30 Zentimeter groß und bis zu 500 Gramm schwer. Mit seinem stromlinienförmigen Körper und den kurzen, schmalen Flügeln ist er gut ans Tauchen nach Fischen angepasst. Trotzdem sind seine Flügel gerade groß genug zum Fliegen, allerdings müssen sie dabei sehr schnell schlagen. Er brütet überwiegend an den Küsten von Nordatlantik und arktischen Gewässern. In Bild 2 sind die Lebensräume und die Flügellängen der vier Unterarten A bis D des Papageitauchers angegeben. Die Werte wurden bei einer Untersuchung in den 1960er Jahren als repräsentatives Maß für die Körpergröße zu erhoben.

1 Papageitaucher auf Felsen

Ein einleitender Text führt in die Problemstellung ein und gibt erste Informationen.

2 Vorkommen der Unterarten A bis D des Papageitauchers

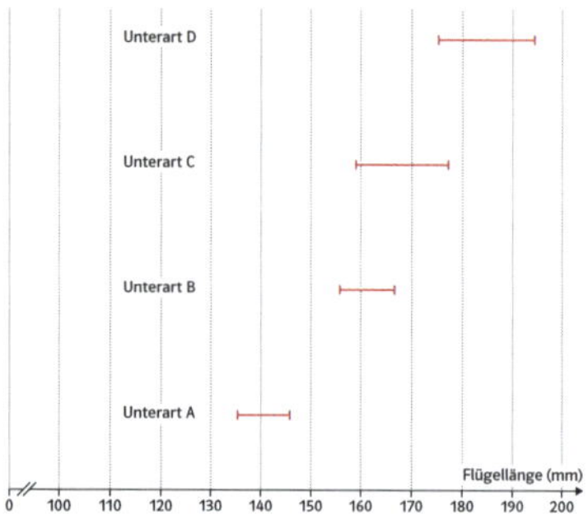

3 Flügellängen der Unterarten A bis D des Papageitauchers (angegeben ist jeweils der kleinste und der größte Wert)

Unterschiedliche Materialien sollen nach Anleitung durch die Aufgaben ausgewertet werden.

Aktuelle Befunde bei Papageitauchern

Forschende haben festgestellt, dass flügge Papageitaucher in verschiedenen Küstenregionen mittlerweile kleiner als vor 30 Jahren sind. In Norwegen ergaben weitere Messungen für diesen Zeitraum, dass die Größe (Eivolumen) der Eier von Papageitauchern um etwa 60 µl/Jahr abgenommen hatte. Die Ursache sehen die Forschenden im Klimawandel. Dieser beeinflusst die Luft- und Meerwassertemperaturen und damit auch die Häufigkeit der Hauptbeute des Papageitauchers, des Atlantischen Herings, einer sehr fetthaltigen, energiereichen Fischart. Untersuchungen ergaben, dass der Atlantische Hering in den letzten Jahren seltener verfüttert wurde, stattdessen jedoch weniger energieliefernde Fische.

Aufgaben

30/100 ◒ 1 Fassen Sie die Informationen zum Vorkommen und der Körpergröße der Papageitaucher zusammen, die im Eingangstext und in [B2 und B3] enthalten sind.

40/100 ● 2 Erklären Sie die Körpergrößen der verschiedenen Vertreter Unterarten des Papageitauchers in Zusammenhang mit ihrem geografischen Vorkommen [B2 und B3].

30/100 ◒ 3 Erläutern Sie, wie die beschriebenen Größenveränderungen bei den Papageitauchern entstanden sein könnten.

9

Die vielfältigen Aufgaben unterscheiden sich in Umfang und Schwierigkeit.

Symbole und Medien

Aufgaben:

10/100 Punkte
- ○ leicht
- ◒ mittel
- ● schwer

Lösungen zum Arbeitsheft online und in der App verfügbar!

1. Auf **schueler.klett.de** anmelden
2. Nutzer-Schlüssel oder QR Code einlösen
3. Digitale Medien online nutzen oder in die **Klett Lernen App** laden

Nutzer-Schlüssel
nUk4-VSzG-P48f

Inhalt

1 Blauflügel-Prachtlibelle

2 Gebänderte Prachtlibelle

Libellenlarven in ihrem Lebensraum

Die Blauflügel-Prachtlibelle (*Calopteryx virgo*) und die Gebänderte Prachtlibelle (*Calopteryx splendens*) sind Schwesterarten, die häufig in Mitteleuropa gemeinsam an kleinen Bachläufen und anderen Fließgewässern vorkommen. Ihre Larven leben in diesen Gewässern und ernähren sich dort räuberisch von Flohkrebsen, Mücken- und Fliegenlarven. Mit den Krallen an ihren Beinen halten sie sich an Pflanzenstängeln im Wasser der Ufervegetation fest. Sie atmen mit blattförmigen Tracheenkiemen am Körperende. Für ihre Entwicklung benötigen sie eine relativ hohe Sauerstoffsättigung im Wasser, nur geringe Verschmutzung und nicht zu hohe Temperaturen. Das Vorkommen der Libellenlarven in einem Gewässer in Bayern wurde bei vielen Begehungen untersucht.

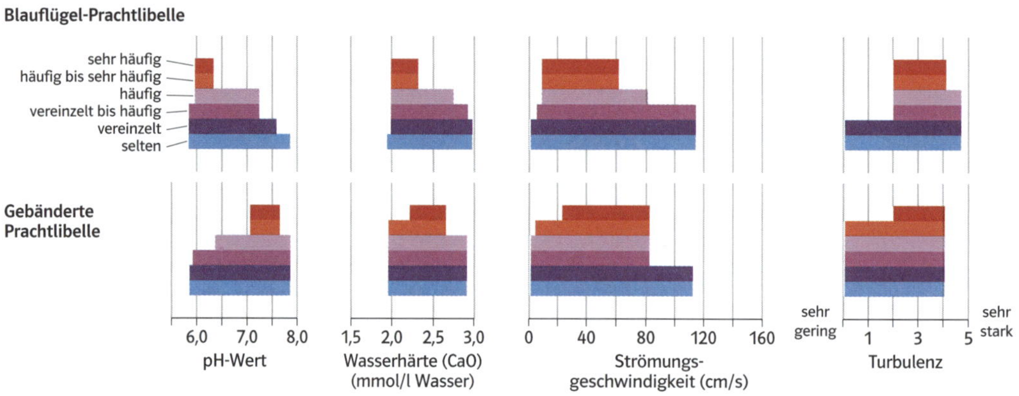

3 Häufigkeit des Vorkommens von Libellenlarven zweier Arten unter verschiedenen Bedingungen

Aufgaben

10/100 ○ **1** Beschreiben Sie die Durchführung der Untersuchung zur quantitativen Beschreibung des Lebensraums der Larven der Libellenarten [B 3].

20/100 ○ **2** Fassen Sie die Beobachtungen zusammen.

25/100 ◒ **3** Skizzieren Sie ein Modell in Anlehnung an [B 4], mit dem die ökologischen Nischen der Libellenlarven verdeutlicht werden können. Wählen Sie dafür drei Faktoren aus.

45/100 ● **4** Überprüfen Sie das zu Aufgabe 3 erstellte Modell kritisch. Können die Ansprüche der Larven an den Lebensraum [B 3] auf die Weise angemessen dargestellt werden?

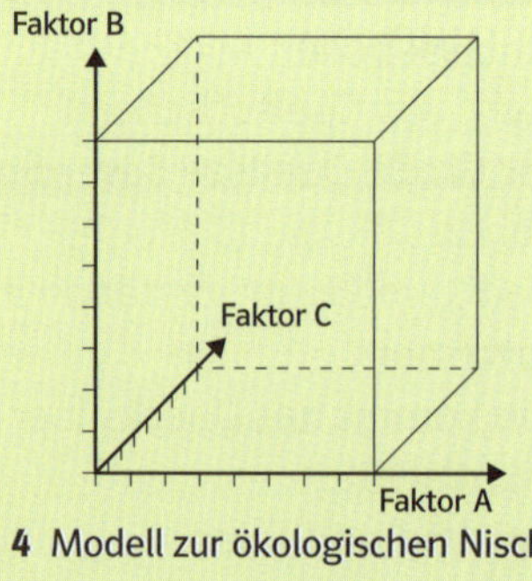

4 Modell zur ökologischen Nische

Konkurrenz bei Waldpflanzen

In heißen Sommern ist ein Spaziergang im Laubwald besonders angenehm. Durch das Verdunsten von Wasser und die Beschattung führt das dichte Blattwerk der Laubbäume dazu, dass es im Wald kühler ist als auf Wiesen und in Städten. Für kleinere Pflanzen am Waldboden stellt die Beschattung aber ein Problem dar. Pflanzen benötigen Sonnenlicht für die Fotosynthese. Die bodennahen Pflanzen stehen in Konkurrenz zu den großen Laubbäumen um diesen entscheidenden Faktor. Dies betrifft nicht nur kleinere Pflanzenarten, sondern auch junge Laubbäume.

1 Scharbockskraut

Monat	Licht (%)	Monat	Licht (%)
Januar	52	Juli	7
Februar	52	August	7
März	52	September	7
April	33	Oktober	12
Mai	6	November	30
Juni	4	Dezember	49

2 Licht am Waldboden (volles Tageslicht = 100 %)

Pflanzenart	Blühzeit
Scharbockskraut	März – Mai
Märzenbecher	Febr. – April
Blaustern	März – Mai
Schneeglöckchen	Febr. – März
Leberblümchen	März – April

3 Blühzeiten der Frühblüher

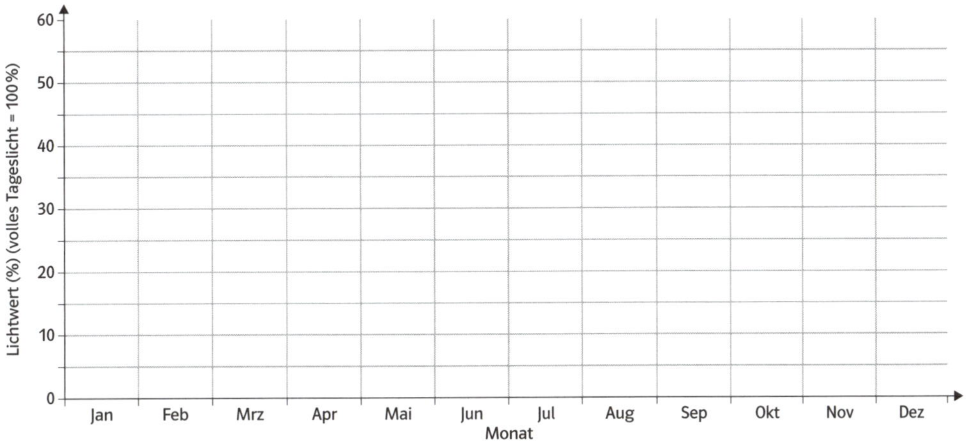

4 Beleuchtung und Blühzeiten

Aufgaben

10/100 ○ **1** Stellen Sie die Lichtwerte am Waldboden [B 2] in [B 4] grafisch dar.

20/100 ◒ **2** Markieren Sie in Ihrer Grafik die Blühzeiten der Frühblüher [B 3].

20/100 ◒ **3** Erklären Sie die Begriffe „interspezifische Konkurrenz“ und „intraspezifische Konkurrenz“ am Beispiel der Pflanzen des Waldbodens.

25/100 ● **4** Erklären Sie am Beispiel der Frühblüher das Konkurrenzausschlussprinzip.

25/100 ● **5** Stellen Sie eine Hypothese auf, die erklärt, dass die Blühzeit der Frühblüher nicht im Dezember liegt.

Efeu – anspruchslos oder anpassungsfähig?

Efeu (*Hedera helix*) ist eine mitteleuropäische immergrüne, langlebige Pflanze, die an vielen Standorten wachsen kann. Sie bevorzugt Bereiche im Schatten oder Halbschatten, kann aber auch ausnahmsweise in vollem Licht gedeihen. Zudem sie wächst sie meist bei mäßig warmen Temperaturen und auf mittelfeuchten Böden, allerdings ohne Bevorzugung eines bestimmten pH-Werts oder Stickstoffgehalts. Sie überwuchert oft flächendeckend den Boden. An Baumstämmen, Mauern oder Hauswänden kann Efeu mithilfe ihrer Haftwurzeln emporklettern.

1 Erscheinungsbild gleich alter Efeublätter

Efeublätter von verschiedenen Standorten wurden makroskopisch [B 1] und mikroskopisch verglichen [B 2].

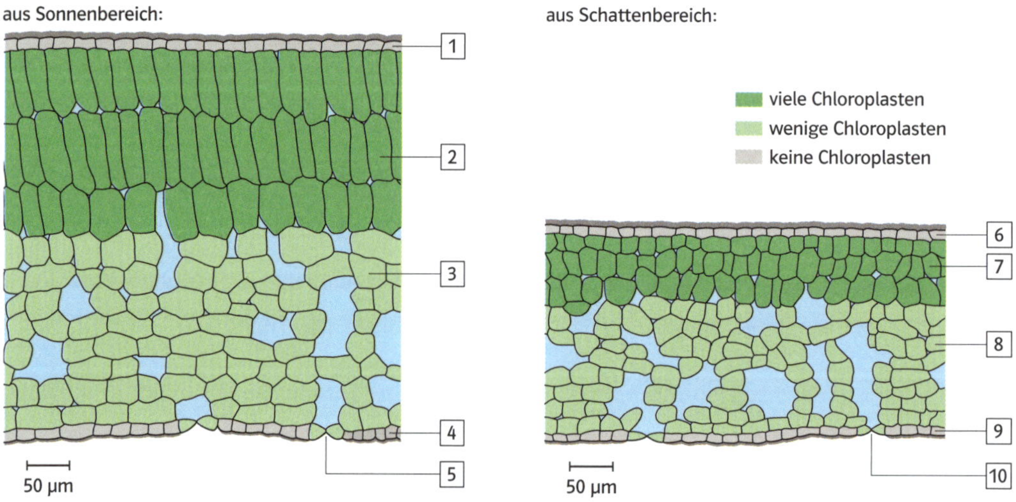

2 Mikroskopische Zeichnungen von Efeublättern verschiedener Standorte

Der folgende Versuch wurde mit Efeublättern durchgeführt.

Durchführung:
Eine Efeupflanze wurde für eine Stunde bei Tageslicht, eine andere Efeupflanze dagegen völlig abgedunkelt gehalten. Je ein Blatt wurde von den Efeupflanzen abgetrennt und in eine Schale mit Wasser mit einer Temperatur von etwa 65 °C gelegt.

Beobachtungen:
Belichtetes Blatt: Beim Eintauchen des Blattes in das heiße Wasser bildeten sich nur an der Blattunterseite sofort kleine Gasbläschen, die sich nach Erreichen einer bestimmten Größe von der Epidermis ablösten und an die Wasseroberfläche aufstiegen.
Abgedunkeltes Blatt: Beim Eintauchen des Blattes in das heiße Wasser bildeten sich an der Blattunterseite keine Gasbläschen.

Aufgaben

40/100 ● **1** Beschriften Sie die Blattquerschnitte der Efeublätter von unterschiedlichen Standorten [B 2] und vergleichen Sie die beiden Blätter tabellarisch [B 1, B 2]. Leiten Sie die Zugehörigkeit der dargestellten Efeublätter zu bestimmten Blatttypen ab.

40/100 ● **2** Werten Sie die Versuchsbeobachtungen aus.

20/100 ○ **3** Diskutieren Sie, ob Efeu eine anspruchslose oder anpassungsfähige Pflanze ist.

Die Besenheide – eine Pflanze im Moor

1 Blühende Besenheide

Die Besenheide (*Calluna vulgaris*), auch Heidekraut genannt, ist die häufigste Pflanzenart der Heidegebiete und Moore. Sie wächst auf kalk- und mineralstoffarmen, sauren und feuchten Böden in direktem Sonnenlicht. Die immergrünen Blättchen der Pflanzen sind besonders im Winter durch starke Winde gefährdet, durch die sie austrocknen könnten. In Wintermonaten, wenn der Boden gefroren ist, können die Pflanzen kein Wasser aufnehmen. Die Gefahr, auszutrocknen, wird durch die besondere Struktur der Blätter der Besenheide gemindert. Sie liegen schuppenförmig am Stängel an, sodass sie sich dachziegelartig überdecken [B 2]. Die Blätter selbst wirken wie eingerollt. Daher bezeichnet man sie als Rollblätter. Ihre Oberseite ist größer als die Unterseite.

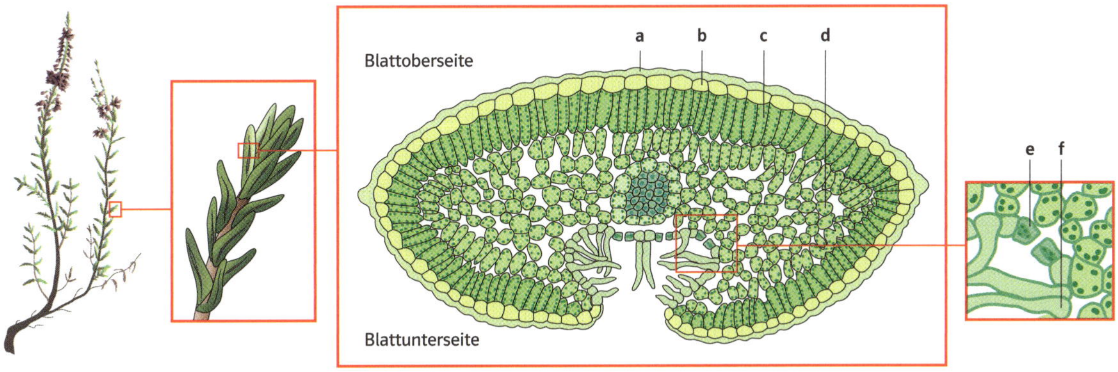

2 Erscheinungsbild und Blattquerschnitt der Besenheide

Die Besenheide kommt nur auf Erhebungen im intakten Moor vor. Wird ein Moor durch zunehmende Entwässerung trockener, dann „verheidet“ das Moor, es geht in eine „Riedheide“ über, in dem die Besenheide die bestandsbildende Pflanze ist. Besiedeln jedoch aufgrund der zunehmenden Austrocknung des Bodens größere Sträucher und Bäume, wie z. B. Birke und Moorkiefer, die Fläche, geht der Bestand der Besenheide stark zurück, sie wird verdrängt. An ihre Stelle tritt die Rauschbeere. Die Rauschbeere (Vaccinium uliginosum) ist ein kleiner Strauch, ebenfalls ein typisches Heidekrautgewächs [B 3].

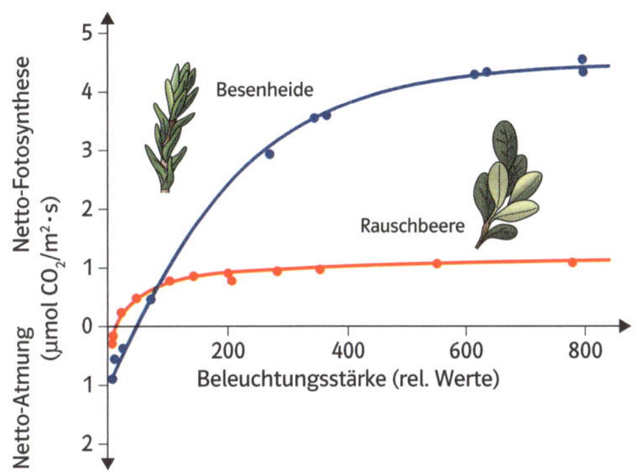

3 Lichtbedarf von zwei Pflanzenarten in der Heide

Aufgaben

20/100 ○ **1** Beschreiben Sie den Blattquerschnitt der Besenheide, insbesondere die Blattstrukturen a – f [B 2] und vergleichen sie ihn mit dem eines typischen Laubblattes.

25/100 ◒ **2** Erklären Sie mit dem charakteristischen Bau des Blattes der Besenheide [B 2] die herabgesetzte Gefahr des Vertrocknens.

55/100 ● **3** Erläutern Sie die Verdrängung der Besenheide durch die Rauschbeere in einem austrocknenden Moor [B 3].

Verschwindet der Kaffee mit dem Klimawandel?

1 Kaffeekirschen am Strauch

Kaffeepflanzen [B1] werden in tropischen und subtropischen Regionen angebaut und stellen dort die wirtschaftliche Grundlage der Bauern dar. Es gibt verschiedene Arten. Die Art Arabica-Kaffee (*Coffea arabica*) bildet hochwertige Kaffeekirschen, die in allen angebotenen Spitzenkaffees enthalten sind. Diese Arabica-Pflanzen werden im kühlen Hochland ab einer Höhe von 1000 Metern angebaut. Dadurch reifen die Früchte langsamer als die des Robusta-Kaffees (*Coffea canephora*). Die schnell wachsende Robusta-Art wird auch als Tieflandkaffee bezeichnet, denn sie wird in wärmeren Gebieten unterhalb einer Höhe von 700 Metern angepflanzt. Der Robusta-Kaffee schmeckt bitterer und ist weniger aromatisch als der Arabica-Kaffee.

Prognosen besagen, dass bis 2050 aufgrund der globalen Temperaturerwärmung und der erhöhten Niederschlagsmengen die Anbauflächen für Arabica-Pflanzen in den Ländern um 25 – 30 % zurückgehen werden. Daher suchten Forschende eine alternative Kaffee-Art mit anderen ökologischen Ansprüchen. Sie prüften in diesem Zusammenhang die wilde Kaffee-Art *Coffea stenophylla*, die einen vergleichbar guten Geschmack wie der Arabica-Kaffee besitzt [B2].

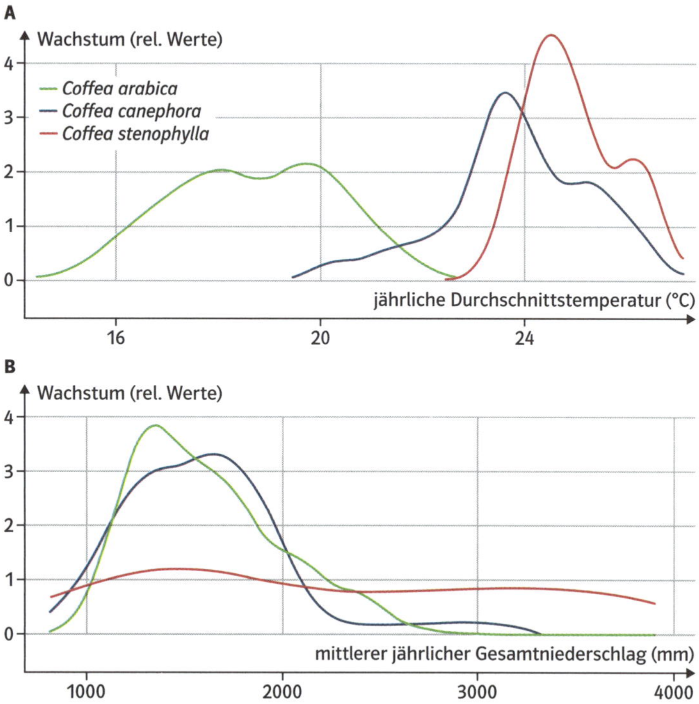

2 Toleranzkurven für Auswirkungen von abiotischen Faktoren auf das Wachstum von Kaffeepflanzen

Aufgaben

40/100 ● **1** Beschreiben Sie die Toleranzkurven für die Auswirkungen von Temperatur und Niederschlag auf die Kaffeepflanzen *C. arabica* und *C. canephora* [B2]. Geben Sie charakteristische Werte an.

20/100 ○ **2** Erklären Sie die verschiedenen Reifungsdauern von Arabica- und Robusta-Kaffee [Text, B2 A].

40/100 ● **3** Stellen Sie eine begründete Hypothese auf, ob die Kaffee-Art *C. stenophylla* die durch den Klimawandel gefährdeten Arabica-Pflanzen in Zukunft ersetzen könnte [B2].

Papageitaucher in verschiedenen Gebieten

Der Papageitaucher (*Fratercula arctica*) [B 1] ist ein Seevogel. Er wird zwischen 25 und 30 Zentimeter groß und bis zu 500 Gramm schwer. Mit seinem stromlinienförmigen Körper und den kurzen, schmalen Flügeln ist er gut ans Tauchen nach Fischen angepasst. Trotzdem sind seine Flügel gerade groß genug zum Fliegen, allerdings müssen sie dabei sehr schnell schlagen. Er brütet überwiegend an den Küsten von Nordatlantik und arktischen Gewässern. In Bild 2 sind die Lebensräume und die Flügellängen der vier Unterarten A bis D des Papageitauchers angegeben. Die Werte wurden bei einer Untersuchung in den 1960er Jahren als repräsentatives Maß für die Körpergröße zu erhoben.

1 Papageitaucher auf Felsen

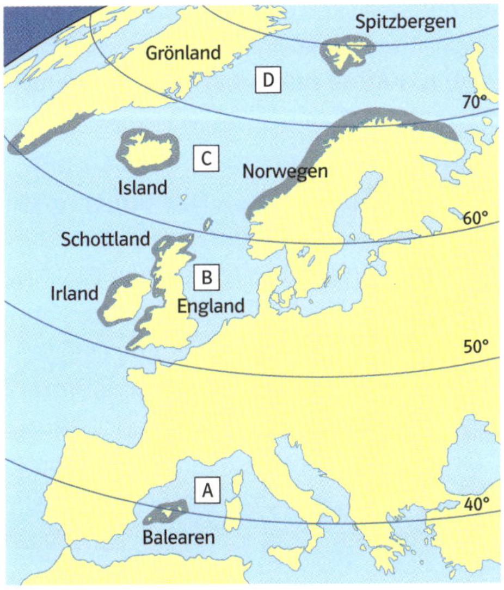

2 Vorkommen der Unterarten A bis D des Papageitauchers

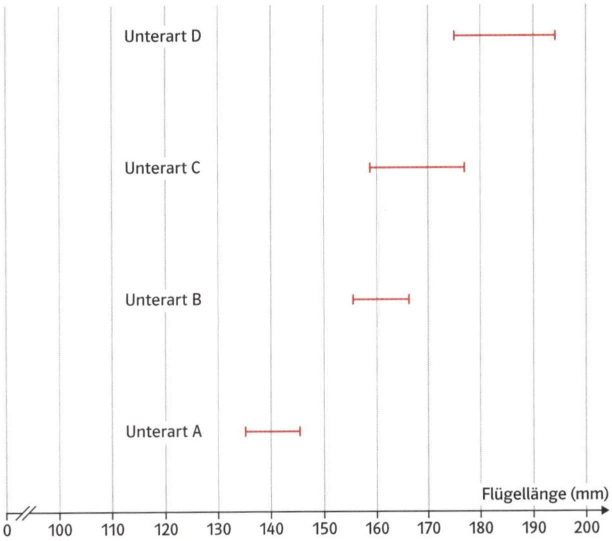

3 Flügellängen der Unterarten A bis D des Papageitauchers (angegeben ist jeweils der kleinste und der größte Wert)

Aktuelle Befunde bei Papageitauchern

Forschende haben festgestellt, dass flügge Papageitaucher in verschiedenen Küstenregionen mittlerweile kleiner als vor 30 Jahren sind. In Norwegen ergaben weitere Messungen für diesen Zeitraum, dass die Größe (Eivolumen) der Eier von Papageitauchern um etwa 60 µl/Jahr abgenommen hatte. Die Ursache sehen die Forschenden im Klimawandel. Dieser beeinflusst die Luft- und Meerwassertemperaturen und damit auch die Häufigkeit der Hauptbeute des Papageitauchers, des Atlantischen Herings, einer sehr fetthaltigen, energiereichen Fischart. Untersuchungen ergaben, dass der Atlantische Hering in den letzten Jahren seltener verfüttert wurde, stattdessen jedoch weniger energieliefernde Fische.

Aufgaben

30/100 ◒ **1** Fassen Sie die Informationen zum Vorkommen und der Körpergröße der Papageitaucher zusammen, die im Eingangstext und in [B 2 und B 3] enthalten sind.

40/100 ● **2** Erklären Sie die Körpergrößen der verschiedenen Vertreter Unterarten des Papageitauchers in Zusammenhang mit ihrem geografischen Vorkommen [B 2 und B 3].

30/100 ◒ **3** Erläutern Sie, wie die beschriebenen Größenveränderungen bei den Papageitauchern entstanden sein könnten.

Braunbären in der nördlichen Hemisphäre

Die Braunbären (*Ursus arctos*) sind mit verschiedenen Unterarten nur in der nördlichen Hemisphäre verbreitet. Die Allesfresser leben meist in Wäldern und bergigen Gebieten. Die Weibchen sind immer deutlich kleiner und leichter als die Männchen.

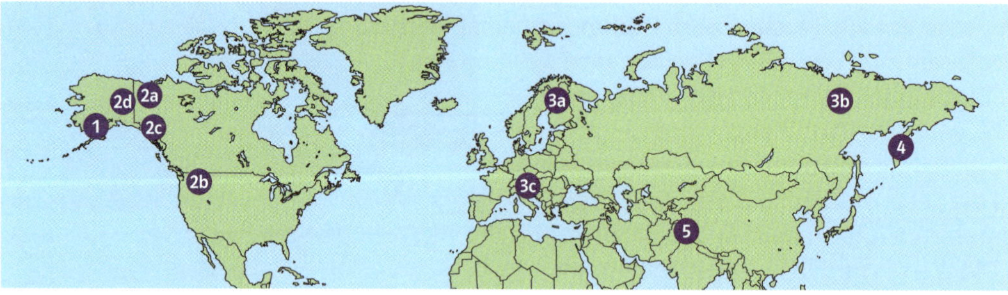

1 Vorkommen der Braunbären

Der Kodiakbär (*U. a. middendorffi*) (1 in [B1]) lebt an der Südküste Alaskas und auf den dazugehörigen Inseln. Die Männchen wiegen durchschnittlich 390 Kilogramm. Sie können jedoch bei einer Gesamtlänge von 3 m bis zu 750 kg schwer werden. Der Grizzlybär (*U. a. horribilis*) ist in Nordamerika weit verbreitet. Im Norden (2a in [B1]) erreichen die Männchen bei einer Länge von ca. 2,00 m durchschnittlich eine Masse von 360 kg. Dagegen sind im Süden (2 b) Tiere mit 1,50 m Körperlänge zu finden. Die Männchen werden dort nur bis 200 kg schwer. Weitere Untersuchungen ergaben, dass männliche Grizzlybären aus den Küstenregionen nahe der Flussmündungen (2 c) größer waren und durchschnittlich 410 kg wogen. Im Landesinneren allerdings waren Männchen (2 d) wiederum kleiner und leichter (im Durchschnitt nur 270 kg). Der Europäische Braunbär (*U. a. arctos*) (3 a) in Nordeuropa wiegt durchschnittlich 250 kg bei einer Gesamtlänge von 2,20 m. Die Vertreter in Sibirien (3 b) sind etwas größer und wiegen bis zu 360 kg. Die Braunbären in Südeuropa (3 c) sind dagegen nur rund 70 kg schwer und 1,70 m lang. Der Kamtschatkabär (*U. a. beringianus*) (4) erreicht eine Masse bis 650 kg bei einer Größe von 3 m. Der männliche Himalajabär (*U. a. isabellinus*) (5) wird etwa 1,90 m groß und 135 kg schwer. In Untersuchungen wurden die Schädellängen als repräsentatives Maß für die Körpergrößen der Bären gemessen ([B2] logarithmische Darstellung). Außerdem wurde das Nahrungsspektrum der Bären in verschiedenen Lebensräumen ermittelt [B3].

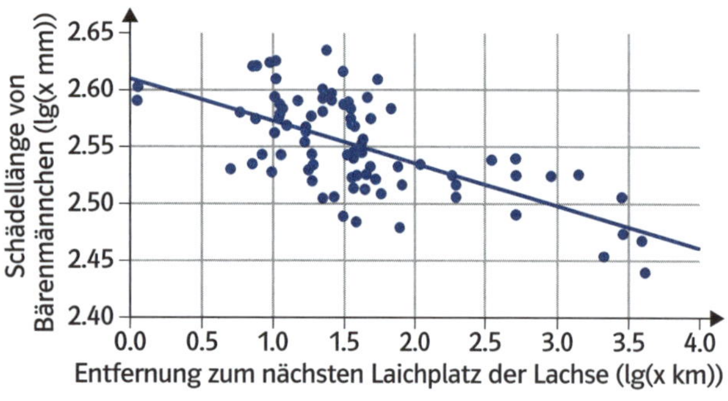

2 Standort und Größe der Grizzlybären

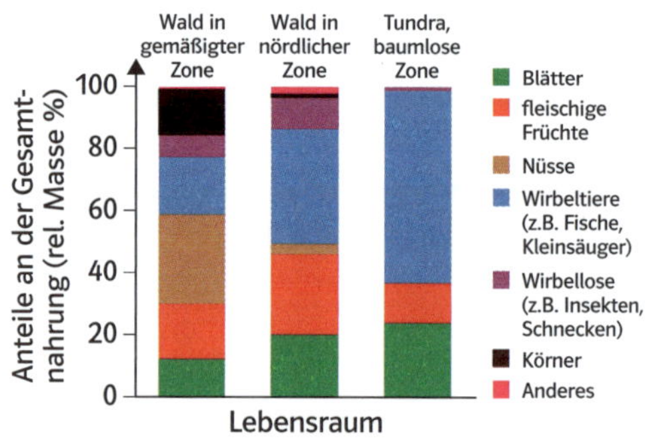

3 Nahrungsspektren der Braunbären

Aufgaben

10/100 ○ **1** Erläutern Sie die Bergmann'sche Regel in Grundzügen.

30/100 ◒ **2** Werten Sie den Text und [B1] bezüglich der Bergmann'schen Regel aus.

60/100 ● **3** Werten Sie [B2 und 3] hinsichtlich der Körpergrößen der Braunbären aus.

Konkurrenz und abiotische Bedingungen

Auf Äckern, die nicht mit Herbiziden behandelt sind, und an manchen Wegrändern findet man die verschiedensten Wildkräuter. Die ungleiche Verbreitung der verschiedenen Arten beruht nicht nur auf der zufälligen Verbreitung der Samen, sondern hängt wesentlich von den abiotischen und biotischen Lebensbedingungen an den jeweiligen Standorten ab. Auf Versuchsflächen wurden Acker-Spark und Acker-Rettich getrennt ausgesät und auf einer Fläche zusammen. Nach einer bestimmten Zeit wurde die Trockenmasse pro Flächeneinheit bestimmt.

1 Acker-Spark (*Spergula arvensis*)

2 Acker-Rettich *(Raphanus raphanistrum)*

pH-Wert	Trockenmasse (relative Einheiten)	
	Acker-Spark	Acker-Rettich
4,0	1,2	0,9
4,5	1,7	2,0
5,0	2,3	3,2
5,5	2,2	3,5
6,0	2,1	3,8
6,5	2,2	3,4
7,0	2,1	3,0
7,5	1,9	2,5
8,0	1,7	1,7

3 Trockenmasse beider Arten jeweils in Reinkultur

pH-Wert	Trockenmasse (relative Einheiten)	
	Acker-Spark	Acker-Rettich
4,0	0,9	2,0
4,5	1,3	4,6
5,0	2,0	4,0
5,5	2,8	2,8
6,0	3,2	2,0
6,5	3,6	1,2
7,0	3,2	1,3
7,5	2,7	1,4
8,0	2,4	1,2

4 Trockenmasse beider Arten in der Mischkultur

Aufgaben

10/100 ○ **1** Nennen Sie Definitionen der Begriffe „physiologische Potenz", „ökologische Potenz" und „Toleranzbereich".

20/100 ○ **2** Stellen Sie die Werte in [B 3 und 4] in einem geeigneten Koordinatensystem grafisch dar.

25/100 ◒ **3** Vergleichen Sie die ökologische Potenz der beiden Arten bezüglich des Boden-pH-Wertes anhand von [B 3].

45/100 ● **4** Erklären Sie die von Ihnen gezeichneten Kurvenverläufe zu [B 4] im Vergleich zu denen in [B 3].

Anpassung und Angepasstheit

Sprachlich wird zwischen Anpassung und Angepasstheit unterschieden. Eine Anpassung beschreibt dabei einen aktiven Prozess eines Individuums. Eine Angepasstheit ist hingegen eine Eigenschaft oder Fähigkeit, die zufällig entstand, in den Folgegenerationen immer häufiger auftrat und sich dadurch schließlich durchsetzte.

An einer Rotbuche findet man Sonnen- und Schattenblätter.

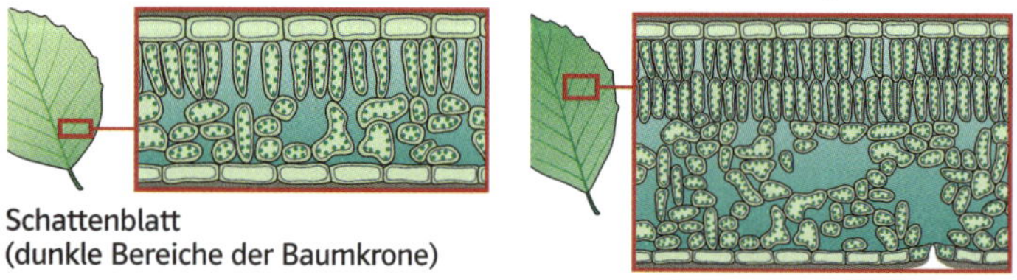

Vor dem Kampf sahen die beiden Männchen des Pantherchamäleons gleich aus, jetzt erkennt man den Verlierer (links) an seiner blassen Stirn.

1 Anpassung oder Angepasstheit?

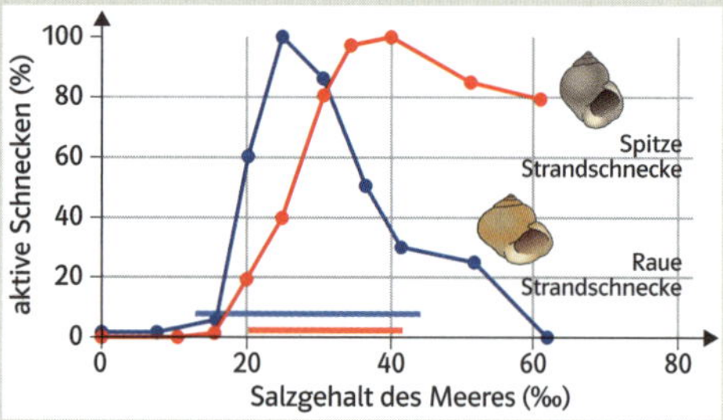

An der Nordseeküste kommen diese beiden Strandschnecken-Arten vor. Die Raue Strandschnecke bevorzugt den Lebensraum unterhalb der Hochwasserlinie, die Spitze Strandschnecke findet man häufig in der darüberliegenden Spritzwasserzone, in der Pfützen aus Meerwasser zeitweise aus trocknen.

2 Vergleich zweier Schneckenarten an der Nordseeküste

Aufgaben

15/100 ○ **1** Notieren Sie in der rechten Spalte in [B1] zu jedem Beispiel einen Satz, der sich auf die erkennbare Anpassungsfähigkeit oder Angepasstheit bezieht.

60/100 ● **2** Werten Sie [B2] zu Aktivität und Vorkommen der Strandschnecken-Arten aus.

25/100 ◒ **3** Erläutern Sie, ob es sich dabei [B2] um Anpassungen oder Angepasstheiten handelt.

Vegetationsanalysen in Großstädten und ihrer Umgebung

Ein Team von Forschenden führte Vegetationsanalysen in verschiedenen Großstädten in Nordrhein-Westfalen (NRW) und ihren Umgebungen durch, um den Zustand der untersuchten Ökosysteme zu bestimmen. Den Pflanzenarten, die man bei den Vegetationsaufnahmen fand, wurden die passenden Ellenberg'schen Zeigerwerte zugeordnet. Dabei handelt es sich um die Ökofaktoren Licht (L), Temperatur (T), Kontinentalität (K), Feuchtigkeit (F), Reaktion (R) und Stickstoffgehalt (N) [B 3].

In [B 1] sind sechs Zeigerwertspektren der ermittelten Pflanzenarten für das Beispiel von Dortmund und seinem Umland dargestellt. Ein Zeigerwertspektrum ist die Anordnung der Häufigkeiten der gefundenen Pflanzenarten in Abhängigkeit von ihren Zeigerwerten bezüglich eines Faktors. Zusätzlich wurden die mittleren Zeigerwerte der Arten berechnet.

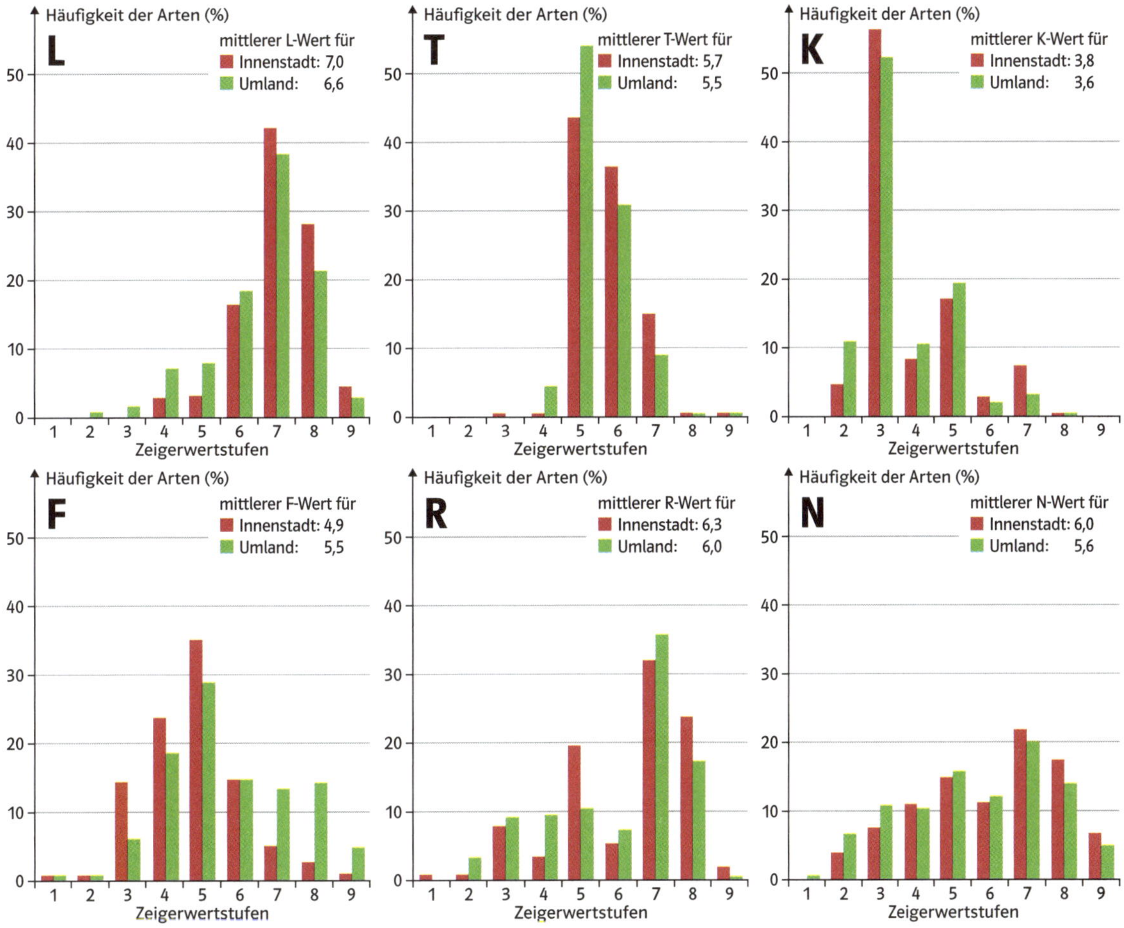

1 Zeigerwertspektren von Pflanzen in Dortmund und Umland

Großstädte		L	T	K	F	R	N
Bielefeld	Innenstadt	7,0	5,9	3,9	4,8	6,3	5,9
	Umland	6,6	5,5	3,7	5,5	6,0	5,2
Köln	Innenstadt	7,3	5,9	4,1	4,6	6,6	6,1
	Umland	6,6	5,5	3,7	5,3	6,2	5,4
Münster	Innenstadt	7,0	5,8	3,8	5,1	6,4	6,3
	Umland	6,5	5,5	3,6	5,6	6,0	5,5

2 Mittlere Zeigerwerte in drei Großstädten (NRW)

Die Zeigerwerte beschreiben das ökologische Verhalten der Pflanzen in ihrer natürlichen Umgebung. Die Zeigerpflanzen weisen dort auf die Stärke bestimmter Ökofaktoren hin [B 3].

Zeigerwertstufe	L: Lichtzahl	T: Temperaturzahl	K: Kontinentalitätszahl	F: Feuchtezahl	R: Reaktionszahl	N: Stickstoffzahl
1	Tiefschattenpflanze	Kälte-Zeiger	extremes Seeklima-Zeiger	Starktrocknis-Zeiger	Starksäure-Zeiger	extreme Stickstoffarmut-Zeiger
2	zw. 1 und 3	zw. 1 und 3	zw. 1 und 3	zw. 1 und 3	zw. 1 und 3	zw. 1 und 3
3	Schattenpflanze	Kühle-Zeiger	Seeklima-Zeiger	Trocknis-Zeiger	Säure-Zeiger	Stickstoffarmut-Zeiger
4	zw. 3 und 5	zw. 3 und 5	zw. 3 und 5	zw. 3 und 5	zw. 3 und 5	zw. 3 und 5
5	Halbschattenpflanze	Mäßigwärme-Zeiger	See-Steppen-Übergangsklima-Zeiger	Frische-Zeiger	Mäßigsäure-Zeiger	mäßiger Stickstoffreichtum-Zeiger
6	zw. 5 und 7	zw. 5 und 7	zw. 5 und 7	zw. 5 und 7	zw. 5 und 7	zw. 5 und 7
7	Halblichtpflanze	Wärme-Zeiger	Steppenklima-Zeiger	Feuchte-Zeiger	Schwachsäure- bis Schwachbasen-Zeiger	Stickstoffreichtum-Zeiger
8	Lichtpflanze	zw. 7 und 9	zw. 7 und 9	zw. 7 und 9	zw. 7 und 9	zw. 7 und 9
9	Volllichtpflanze	Extreme Wärme-Zeiger	extremes Steppenklima-Zeiger	Nässe-Zeiger	Basen- und Kalk-Zeiger	extremer Stickstoffreichtum-Zeiger

3 Bedeutung der Zeigerwertstufen

Kritische Forschende vertreten die Auffassung, dass die Zeigerwerte zwar das ökologische Verhalten der Pflanzen in einer Pflanzengesellschaft angeben und so den Standort charakterisieren, dass sie aber kein Ersatz für die ökologische Messungen der abiotischen Faktoren sind. So müsse immer zusätzlich geprüft werden, ob die mittleren Zeigerwerte an einem Standort den Analyseergebnissen z. B. der Bodenfaktoren entsprechen. Zeigerwerte seien keine Messwerte.

Aufgaben

15/100 ○ **1** Beschreiben Sie in Stichworten die wesentlichen Schritte bei einer Vegetationsaufnahme und ihrer Auswertung mit den Ellenberg'schen Zeigerwerten.

35/100 ● **2** Vergleichen Sie den Pflanzenbewuchs in der Innenstadt Dortmunds mit dem in der Umgebung [B 1, B 3] und nehmen Sie mithilfe der mittleren Zeigerwerte eine Standortbeurteilung vor.

25/100 ◒ **3** Stellen Sie begründete Vermutungen zu den Ursachen der Verteilung der Pflanzenarten in der Innenstadt von Dortmund und der Umgebung hinsichtlich Temperatur, Feuchtigkeit und Stickstoffgehalt auf [B 1, B 3], auch unter Berücksichtigung Ihrer Kenntnisse zum Stickstoffkreislauf.

15/100 ○ **4** Leiten Sie durch den Vergleich der mittleren Zeigerwerte von vier Innenstädten in NRW und ihrem Umland [B 1, B 2] Aussagen hinsichtlich erkennbarer Tendenzen ab.

10/100 ○ **5** Begründen Sie, warum die Zeigerwerte für das ökologische Verhalten der Pflanzen in einer Pflanzengesellschaft alleine nicht ausreichen, um Aussagen über die Ökofaktoren des Standorts zu treffen.

Ressourcenverteilung bei Pflanzen

Samenpflanzen verteilen ihre Ressourcen auf die Ausbildung der Pflanze selbst und auf die Produktion von Früchten mit einem hinreichend großen Nährstoffvorrat für die Embryonen der nächsten Generation.

Manche Pflanzenarten können sich zusätzlich zur sexuellen Fortpflanzung auch ungeschlechtlich vermehren, z. B. durch Ableger oder durch Sprossknollen wie bei der Kartoffel [B 1]. Während Ableger noch einige Zeit über den Seitenspross mit der Mutterpflanze verbunden sind, muss die Kartoffelknolle alle notwendigen Stoffe für das Heranreifen der neuen Pflanze bis zu deren Selbstversorgung gespeichert haben, wenn die einjährige Pflanze im Herbst abstirbt.

1 Keimende Kartoffel

In einer Untersuchung an Kartoffelpflanzen wurden im Verlauf der Vegetationsperiode von Mai bis September vierzehntägig jeweils vom Pflanzenkörper und von den sich bildenden Sprossknollen Proben genommen und deren Stickstoffgehalt bestimmt [B 2].

In einer Versuchsreihe baute man Kartoffeln auf Böden mit unterschiedlichem Angebot an mineralischem Stickstoff an und bestimmte die Masse der heranwachsenden Kartoffelknollen pro Fläche [B 3].

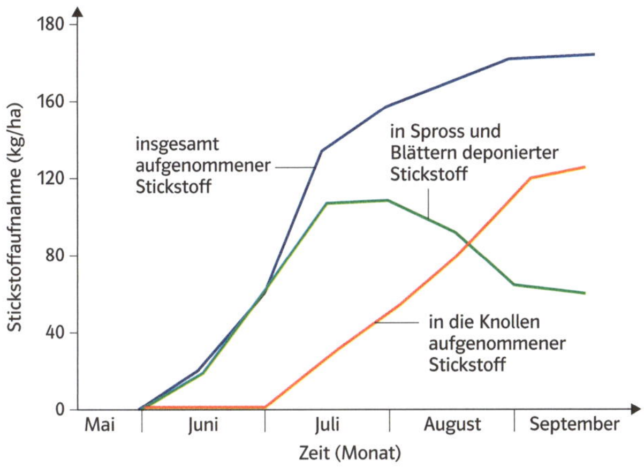

2 Aufnahme und Verteilung von Stickstoff

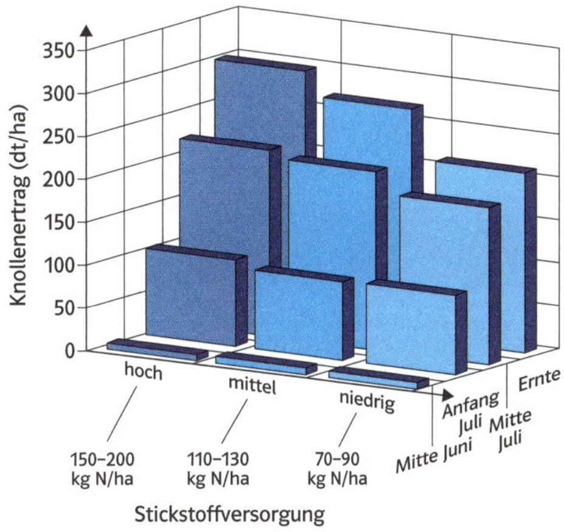

3 Knollenmasse und Stickstoffversorgung

Aufgaben

10/100 ○ **1** Nennen Sie drei Stoffgruppen, die Pflanzen unter Verwendung von Stickstoff während des Wachstums aufbauen.

25/100 ◒ **2** Erläutern Sie die Befunde zur Verteilung des aufgenommenen Stickstoffs bei der Kartoffelpflanze [B 2].

20/100 ○ **3** Beschreiben Sie die in [B 3] dargestellten Versuchsergebnisse.

45/100 ● **4** Stellen Sie einen Zusammenhang her zwischen den Versuchsergebnissen in [B 2 und 3] und der reproduktiven Fitness der Pflanzenart unter natürlichen Bedingungen.

Wechselbeziehungen im australischen Regenwald

Die Ameisenart *Leptomyrmex ruficeps* lebt in den Regenwäldern im Osten Australiens. Ihre Nester befinden sich oft auf freiem Feld oder an Bäumen. Zum Nest gehören einige Hundert Arbeiterameisen und eine Königin. Die Arbeiter sammeln Nahrung, wie Blätter und Samen, und lagern diese im Nest ein. Werden die Arbeiter bedroht, können sie ihren Hinterleib nach oben biegen und ein Wehrsekret versprühen [B 1], um anschließend vor dem getroffenen Angreifer zu fliehen. Oft genügt allerdings die drohende Körperhaltung mit erhobenem Hinterleib, um Insektenfresser abzuschrecken und zur Flucht zu veranlassen. So schützen die Ameisen auch ihr Nest.

1 *Leptomyrmex ruficeps* (Arbeiterameise)

2 Adulte Gespenstheuschrecke

Die Australische Gespenstschrecke (*Extatosomatiaratum*) ist eine andere Insektenart, die ebenfalls hauptsächlich im Osten Australiens vorkommt. Die Tiere haben keine Nester und betreiben auch keine Brutpflege, sondern lassen ihre Eier einfach auf den Boden fallen. Die Eier ähneln in Form und Farbe Pflanzensamen [B 3]. Die Eier werden wie diese oft von Ameisen aufgesammelt. In den Ameisennestern herrschen ideale Bedingungen für die Entwicklung der Embryonen der Gespenstschrecken in den Eiern. Die Ameisen halten ihre vermeintliche Nahrung schimmelfrei. Durch die harte Schale können die Ameisen die Eier aber nicht öffnen. Nach dem Schlüpfen verlassen die jungen Gespenstschrecken im ersten Larvenstadium das Nest der Ameisen. Sie häuten sich dann noch mehrfach, bis sie selbst ausgewachsen und fortpflanzungsfähig sind. Dabei fällt auf, dass die Jungtiere im ersten Larvenstadium [B 4] den adulten Tieren kaum ähnlich sehen.

3 Eier der Gespenstschrecke

4 Erstes Larvenstadium der Gespenstschrecke

Aufgaben

15/100 ○ **1** Beschreiben Sie die Beziehung zwischen den Gespenstschrecken und den Ameisen.

30/100 ◒ **2** Vergleichen Sie den Körperbau von Leptomyrmex ruficeps [B 1] und dem einer Gespenstschrecke im ersten Larvenstadium [B 4].

55/100 ● **3** Erklären Sie am Beispiel der Gespenstschrecke die Begriffe „Mimikry" und „Mimese".

Die ökologischen Nischen der Rohrsänger

Rohrsänger-Arten besiedeln nur das Schilf der Verlandungszone flacher Gewässer. Die sechs mitteleuropäischen Arten [B 2] leben sympatrisch und zeigen z.T. eine Trennung der Habitate (Nistplatz und bevorzugter Aufenthalt) in der Röhrichtzone. Dabei sind Wuchshöhe und Halmdichte des Schilfs sowie der Unterbewuchs und die Wassertiefe von Bedeutung [B 3].
Die Rohrsänger besitzen als Angepasstheit an ihre kletternde und hüpfende Fortbewegungsweise zwischen den Schilfhalmen sogenannte „Klappmesserbeine" mit mehr oder weniger stark ausgebildeten „Klammerfüßen". Mit ihnen sind Teichrohrsänger, Drosselrohrsänger und Mariskensänger besser an das senkrechte Klettern an den Halmen angepasst als Sumpf-, Seggen- und Schilfrohrsänger. Am Südufer des Neusiedler Sees (Österreich) kommen wegen der dortigen Zusammensetzung der Schilfvegetation nur drei Rohrsängerarten vor [B 4].

1 Teichrohrsänger

Name	Masse, Länge	bevorzugte Nahrung	Nest
Drosselrohrsänger *(Acrocephalus arundinaceus)*	31,3 g 19 cm	Insekten, Spinnen, junge Amphibien, Schnecken	Nest an mehreren kräftigen Schilfhalmen aufgehängt
Teichrohrsänger *(Acrocephalus scirpaceus)*	11,7 g 13 cm	Insekten und ihre Larven, Spinnen, Schnecken	Nest in dichtem Schilf an mehreren Schilfhalmen aufgehängt, oft in Altschilfbeständen
Mariskensänger *(Acrocephalus melanopogon)*	11,3 g 13 cm	Insekten, Spinnen	Nest an niedrige Schilfhalme über flachem Wasser geflochten
Sumpfrohrsänger *(Acrocephalus palustris)*	11,8 g 14 cm	Insekten und ihre Larven, Spinnen, Schnecken	Nest zwischen Stängeln von Brennnesseln oder Schilf gebaut
Schilfrohrsänger *(Acrocephalus schoenobaenus)*	11,8 g 13 cm	Insekten und ihre Larven, Spinnen, Schnecken	Nest nie an Halmen hängend, in niedrigem Schilfbereich gebaut
Seggenrohrsänger *(Acrocephalus paludicola)*	11,4 g 12 cm	Insekten, Spinnen, kleine Schnecken	Nest in Seggen (Riedgras) in offenem Sumpf mit flachem Schilf

2 Sechs Rohrsängerarten

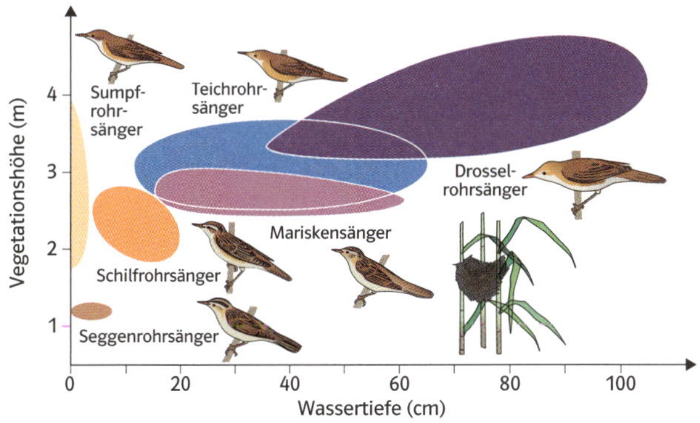

3 Habitate der sechs Rohrsängerarten

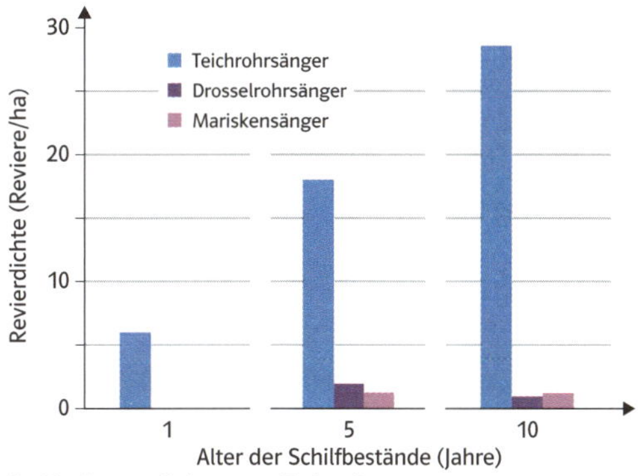

4 Siedlungsdichte von Rohrsängerarten

Aufgaben

10/100 ○ **1** Beschreiben Sie die Habitate der sechs Rohrsängerarten [B 2 und 3].

30/100 ◒ **2** Erläutern Sie die ökologischen Nischen der Rohrsängerarten mit Bezug zum Text und zu [B 2 und 3].

60/100 ● **3** Stellen Sie eine Hypothese zur Ursache der zeitlichen Änderung der Siedlungsdichte von Rohrsängerarten in einem Ufergebiet auf [B 4].

Pinguine auf den Falkland-Inseln

Auf New Island, einer 23 km² großen Insel im Westen der Falkland-Inseln, befindet sich ein großes Naturschutzgebiet mit Brutkolonien von Felsenpinguinen, Magellanpinguinen und Eselspinguinen [B 1]. In den Kolonien brüten jeweils 5 000 bis 13 000 Pinguinpaare auf engstem Raum und versorgen dort für etwa drei Monate ihre zwei Küken, von denen häufig nur eines überlebt. Männchen und Weibchen tauchen abwechselnd im Meer nach Nahrung, die sie – im Magen vorverdaut – an ihre Jungtiere verfüttern [B 2]. 2010 untersuchten Wissenschaftler die Jagdgewohnheiten der drei Pinguinarten exemplarisch bei einigen Tieren mit GPS-Sendern, um Aussagen über ihr Verhalten machen zu können, mit dem sie in diesem Lebensraum mit seinem begrenzten Nahrungsangebot in großer Anzahl überleben können [B 3].

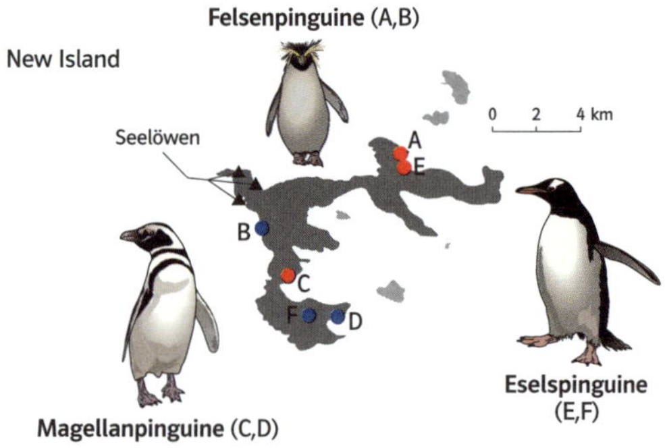

1 Lage der untersuchten Brutkolonien

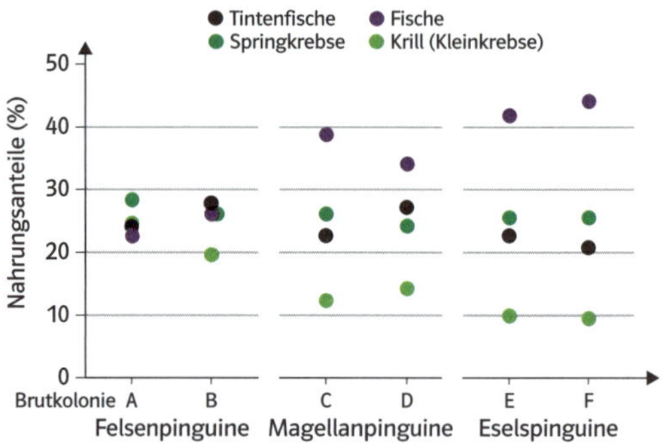

2 Nahrung der drei Pinguinarten

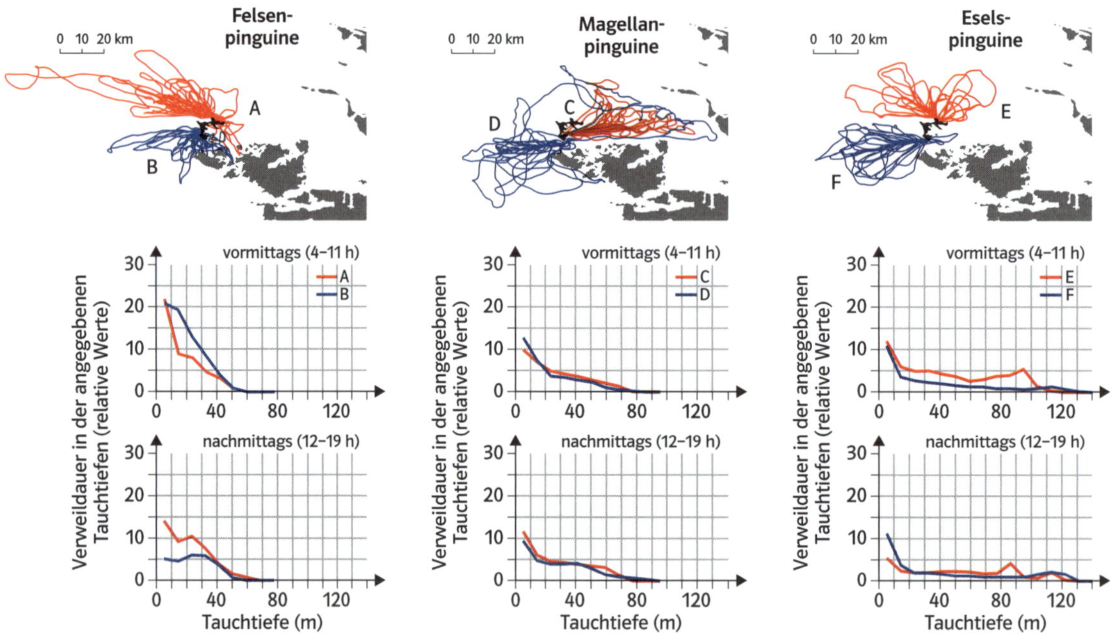

3 Nahrungssuche bei den drei Pinguinarten (Tauchgänge wurden erst ab 5 Metern Tiefe registriert.)

Aufgaben

15/100 ○ **1** Beschreiben Sie zusammenfassend die Lage der untersuchten Brutkolonien der drei Pinguinarten und die Areale, die sie für ihre Jagd aufsuchen [B 1, B 3 oben].

20/100 ◒ **2** Vergleichen Sie die Nahrungsspektren der drei Arten [B 2].

15/100 ○ **3** Vergleichen Sie das Tauchverhalten der drei Arten bei der Nahrungssuche [B 3].

50/100 ● **4** Erläutern Sie das Verhalten der drei Pinguinarten hinsichtlich ihrer Koexistenz.

Leben unter Tage

Obwohl der Graumull äußerlich einem Maulwurf recht ähnlich sieht, zeigt ein Vergleich der Gebisse, dass sie nicht näher verwandt sein können. Diese beiden Arten werden aufgrund ihrer Lebensweise zu den Bodenwühlern gezählt. Sie graben, wie einige andere Kleinsäuger auch, Gänge im Erdreich und verbringen darin den größten Teil ihres Lebens.
Eine ökologische Planstelle ist eine Kombination von Eigenschaften eines Ökosystems, die es bestimmten Organismengruppen ermöglicht, dort zu leben. Wird eine ökologische Planstelle durch eine Art besetzt, so ist dies ein wesentlicher Teil ihrer ökologischen Nische. Eine ökologische Planstelle kann unbesetzt bleiben, wenn keine Art an eine entsprechende Lebensweise angepasst ist.

1 Graumull (oben) und Maulwurf (unten)

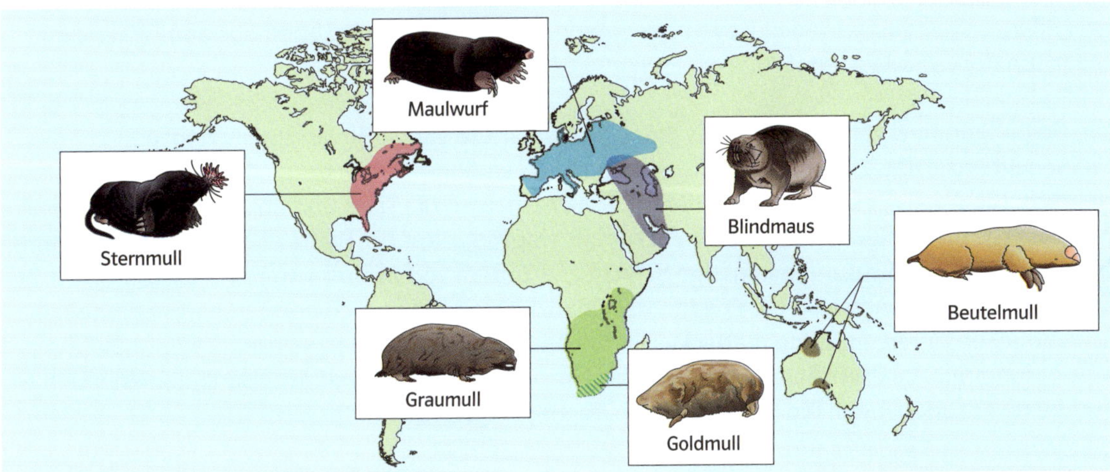

2 Verbreitung bodenwühlender Kleinsäugerarten

Sternmull	Europäischer Maulwurf	Graumull	Goldmull	Blindmaus	Beutelmull
Insektenfresser	Insektenfresser	Wurzelfresser	Insektenfresser	Wurzelfresser	Insektenfresser
Handgräber 5 Finger	Handgräber 5 oder 6 Finger	Zahngräber	gräbt hauptsächlich mit der dritten Kralle der vierfingrigen Hände	Zahngräber	Handgräber mit Grabklauen an Finger 3 und 4
sternförmige Nasenanhänge	Tasthaare	Tasthaare, guter Geruchssinn	hervorragendes Gehör, guter Geruchssinn	guter Geruchssinn, Tastborsten	guter Geruchssinn

3 Ausgewählte Merkmale bei den Bodenwühlern

Aufgaben

15/100 ○ **1** Beschreiben Sie die ökologische Planstelle der Bodenwühler mithilfe von [B2 und 3].

15/100 ○ **2** Nennen Sie Angepasstheiten der Bodenwühler an diese ökologische Planstelle.

15/100 ○ **3** Nennen Sie eine Definition des Begriffs „ökologische Nische".

55/100 ◒ **4** Erläutern Sie mithilfe aller Materialien den Unterschied zwischen den Begriffen „ökologische Planstelle" und „ökologische Nische".

Gelbe Spinnerameisen auf der Weihnachtsinsel

1 Weihnachtsinsel-Krabbe auf der Wanderung

2 Gelbe Spinnerameise

Die Weihnachtsinsel im Indischen Ozean ist größtenteils von tropischem Regenwald bedeckt. Einige Tier- und Pflanzenarten, wie die rote Weihnachtsinsel-Krabbe (*Gecarcoidea natalis*), kommen nur dort vor, d.h. sie sind endemisch. Sie leben im Wald und ernähren sich von Laubstreu und jungen Pflanzenkeimlingen. Jeden November wandern Millionen von Krabben aus dem Wald zum Meer, um dort abzulaichen [B 1].

Die Gelbe Spinnerameise (*Anoplolepis gracilipes*) gelangte vor ca. 50 Jahren als Neozoon auf die Weihnachtsinsel. Das dortige Ökosystem Regenwald veränderte sich durch die Ameisenkolonien deutlich. Die Ameisen schützen Schildlauskolonien, melken die Tiere und ernähren sich von dem abgesonderten Honigtau [B 2]. Dieser Zuckersaft tropft u.a. auf die Blätter der Urwaldbäume und bildet eine braune, lichtundurchlässige Schicht, die zudem von Schimmelpilzen besiedelt wird. Zusätzlich fressen die Ameisen die Früchte der Pflanzen, von denen sich normalerweise einheimische Vögel ernähren. Außerdem attackieren die Ameisen die Weihnachtsinsel-Krabben auf ihrer Wanderung mit Ameisensäure, töten und fressen sie. In Bereichen mit Ameisenkolonien leben fast keine Krabben mehr. Die Folgen für den Regenwald wurden untersucht [B 3].

	Gebiet mit Kolonien der Gelben Spinnerameise	Gebiet ohne Kolonien der Gelben Spinnerameise
Bereich des Waldbodens		
Aktivität der Spinnerameisen (Besuche am Zuckerköder/min)	7	0,06
Krabben in ihren Wohnhöhlen/80 m²	2,3	95,7
getötete Krabben/80 m²	52	0
Laub (%)	87	43
Keimlinge/80 m²	1376	45
Artenvielfalt der Keimlinge (Zahl der Unterarten/80 m²)	22	6
Bereich der Baumkronen		
Gelbe Spinnerameisen an Ästen (Anzahl/100 cm²)	4,5	0,3
Schildläuse (Anzahl/20 cm Ast) bzw. (Anzahl/Blatt)	115 bzw. 123	8 bzw. 7
Honigtauverschmutzung an Stamm/Blättern (%)	2,2/2,0	0,4/0,2
Wachstum der Asttriebe (%)	73	96
Baumsterben (%)	51	18

3 Untersuchungsergebnisse zu den Folgen der Anwesenheit von Gelben Spinnerameisen

Aufgaben

10/100 ○ **1** Vergleichen Sie die Untersuchungsergebnisse im Regenwald der Weihnachtsinsel [B 3].

30/100 ◒ **2** Erstellen Sie eine Concept-Map für die ökologischen Folgen durch die Spinnerameise.

60/100 ● **3** Erläutern Sie, dass das Auftreten eines Neozoons auf dieser Insel gravierende Folgen hat.

Eingeschleppte Krebse in Berlin

2017 gingen Meldungen durch die Presse, dass Amerikanische Sumpfkrebse über Berliner Straßen wanderten. Obwohl es in Berliner Gewässern keine einheimischen Flusskrebse mehr gibt, sehen Naturschützer diese Neuankömmlinge nicht gerne.

Der Rote Amerikanische Sumpfkrebs wurde Mitte der 1970er-Jahre in Deutschland zur Haltung in Aquarien eingeführt. Die Population in Berlin geht auf Tiere zurück, die Aquarianer ausgesetzt haben. Zur Bekämpfung des Sumpfkrebses im Berliner Stadtgebiet ließ die Umweltbehörde heimische Aale in den Seen aussetzen und erlaubte einem Fischereibetrieb für ein Jahr, die Krebse zu fangen.

Weltweit wird der Krebs auch als Speisekrebs gezüchtet. Dabei ist er mancherorts aus den Aquakulturen in die Umgebung entkommen, wie 1973 in Spanien. Handel und Zucht dieser Krebse sind seit 2016 in der EU verboten. Seit dem Auftreten des Sumpfkrebses auf der Iberischen Halbinsel wurden in einem Naturreservat in Portugal Daten zum Amphibienvorkommen erhoben. Krankheiten konnten nicht festgestellt werden [B 1].

Amphibienarten in Portugal (x: häufig, (x): selten, –: kein Fund)	1992/ 1993	2001
Spanischer Rippenmolch	x	(x)
Feuersalamander	(x)	–
Spanischer Wassermolch	(x)	–
Marmormolch	x	(x)
Iberische Geburtshelferkröte	(x)	–
Iberischer Scheibenzüngler	(x)	(x)
Westlicher Schlammtaucher	x	–
Erdkröte	(x)	–
Kreuzkröte	(x)	(x)
Europäischer Laubfrosch	x	–
Iberischer Wasserfrosch	x	(x)
Spanischer Frosch	(x)	–

1 Amphibienvorkommen in Portugal

Name:	Roter Amerikanischer Sumpfkrebs (Procambarus clarkii)
Länge:	12 bis 15 cm
Alter:	in der Heimat: maximal 2 Jahre, in Deutschland: 2 – 5 Jahre
Lebensraum:	Seen, Teiche, Fluttümpel, Bäche u. ä., Entwicklungsoptimum bei 21 – 27 °C, geringe Ansprüche an die Wasserqualität
Lebensweise:	nachtaktiv, in dichten Gruppen, Bau von Wohnröhren im Uferbereich, Wanderungsgeschwindigkeit 3 km/Tag
Nahrung:	Wasser- und Landpflanzen, Algen, Laich, Kaulquappen, Fische, Regenwürmer, Plattwürmer, Aas, Detritus, Schnecken, Mückenlarven
Feinde:	in der Heimat: Otter, Wasserschwein, räuberische Insektenlarven, Raubfische, Reiher; in Deutschland: Raubfische, Fuchs, Waschbär, Aal (frisst frisch gehäutete Entwicklungsstadien der Krebse)
Fortpflanzung:	in der Heimat: Monate VIII – X, eine Generation pro Jahr, in Deutschland: ganzjährig, oft zwei Generationen pro Jahr, max. 500 Eier/Weibchen
Besonderheiten:	Übertragung der Krebspest (Pilzkrankheit, Aphanomyces astaci) auf heimische Krebse

2 Steckbrief

Aufgaben

10/100 ○ **1** Nennen Sie Eigenschaften des Roten Amerikanischen Sumpfkrebses, die seine Ausbreitung in Deutschland begünstigen [B 2].

30/100 ◒ **2** Erläutern Sie, dass dieser Sumpfkrebses ein problematischer Neozoon ist [B 1 und 2].

60/100 ● **3** Bewerten Sie die Versuche, in Berlin das Vorkommen der invasiven Krebse zu reduzieren.

Ibiza und die Hufeisennattern

Die Hufeisennatter (*Hemorrhois hippocrepis*) [B 1] ist ursprünglich nicht auf der balearischen Insel Ibiza beheimatet. Die Tiere wurden wahrscheinlich 2003 unbeabsichtigt mit Stämmen von Olivenbäumen aus Südspanien nach Ibiza eingeschleppt. Die Schlange ist keine Giftschlange, aber bei Gefahr beißt sie fest zu. Hufeisennattern ernähren sich von Mäusen, Ratten, Amphibien, Eidechsen, Jungvögeln oder Eiern, junge Schlangen fressen auch Wirbellose. Die Schlangen sind tagaktiv und können weite Strecken zurücklegen. Sie werden bis 20 Jahre alt und etwa 1,60 m groß. Die Weibchen legen einmal pro Jahr ca. 10 - 15 Eier. Das Klima auf Ibiza und in Südspanien ist ähnlich.

1 Die Hufeisennatter (*Hemorrhois hippocrepis*)

Das Auftreten dieses Neozoons wurde auf Ibiza verfolgt. Untersuchungen ergaben, dass sich die Hufeisennattern nach ihrer Ankunft zahlenmäßig und räumlich schnell ausbreiteten [B 2].

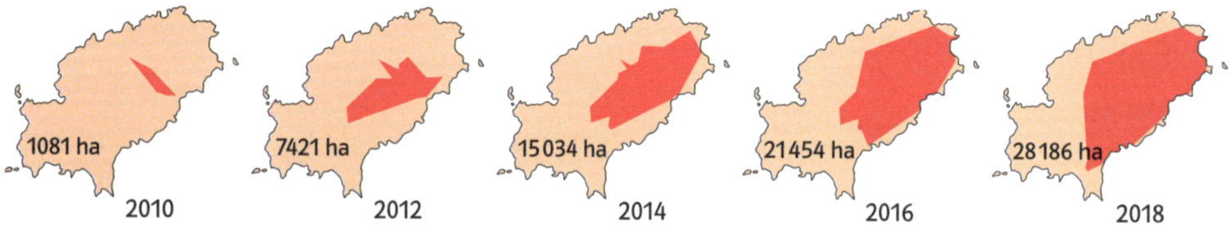

2 Jährliche Ausbreitung (Hektar (ha), rote Fläche) der Hufeisennatter auf Ibiza

Dabei wurde auch festgestellt, dass sich seit 2010 die Häufigkeit der nur auf Ibiza lebenden Ibiza-Mauereidechse (*Podarcis pityusensis*) drastisch geändert hat. In Gebieten ohne Hufeisennattern wurden die Eidechsen in der üblichen Häufigkeit gesichtet, dagegen in Gebieten mit Hufeisennattern gar nicht. Forschende berechnen, dass sich das invasive Neozoon bis 2028 über die ganze Insel verbreitet haben wird, was zum Aussterben der Eidechsen führen könnte. Laut Zeitungsberichten wurden im Jahr 2022 auf Ibiza 2710 Hufeisennattern gefangen.

Warum war die Invasion Hufeisennattern so erfolgreich? Eine Hypothese besagt, dass der Erfolg auf das Fehlen der üblichen Fressfeinde zurückzuführen sei. Tatsächlich sind auf Ibiza nur zwei der sieben Beutegreifer der Nattern in Südspanien bekannt. Zur Prüfung der Hypothese wurde bei Hufeisennattern die Häufigkeit der durch Fressfeinde verursachten Schwanzverletzungen ermittelt. Eine Schlange, die von einem ineffizienten Beutegreifer am Schwanz gepackt wird, zappelt und dreht ihren Körper so heftig, dass der Schwanz bricht. Die Schlange überlebt. Solche Körperschäden sind ein indirekter Beweis für den Räuberdruck. Bild 3 zeigt die Untersuchungsergebnisse bei gefangenen Hufeisennattern.

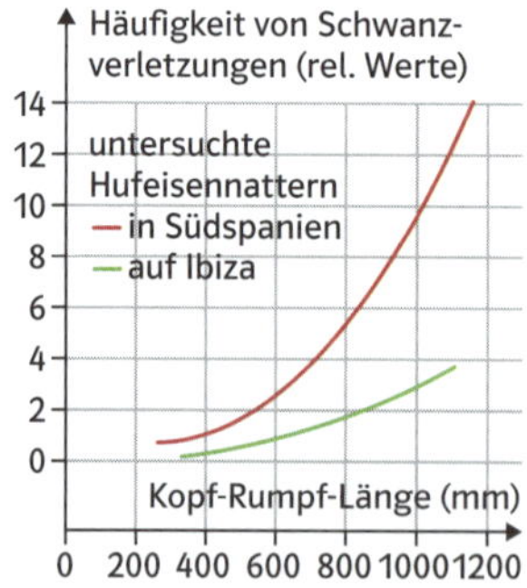

3 Verletzungshäufigkeit bei Hufeisennattern

Aufgaben

10/100 ○ **1** Geben Sie die Definition für ein „invasives Neozoon" an.

30/100 ● **2** Stellen Sie die Ausbreitung der Hufeisennatter auf Ibiza [B 2] in einem Diagramm dar und begründen Sie Ihre Wahl des verwendeten Diagrammtyps.

30/100 ● **3** Prüfen Sie mithilfe der Daten in [B 3], ob die Hypothese zum Erfolg der Schlangeninvasion bestätigt wurde.

30/100 ● **4** Stellen Sie mindestens drei begründete Schutzmaßnahmen für die Ibiza-Mauereidechse auf.

Populationswachstum von verschiedenen Hefe-Arten

Bereits 1934 untersuchte der Biologe G. Gause (1910 - 1986) das Populationswachstum verschiedener Arten von einzelligen Pilzen sowohl in Monokulturen als auch in Mischkulturen. Dafür verwendete er Kulturen der Bäckerhefe (*Saccharomyces cerevisiae, S. cerevisiae*) [B 1] und eine weitere, nicht näher bestimmte Hefe-Art (*S. spec.*). Beide Hefen vermehren sich durch Zweiteilung. Die Zellen der Bäckerhefe werden mit einer Größe von ca. 15 µm etwas größer als die Zellen von *S. spec.* . In Gegenwart von Sauerstoff produzieren die Hefezellen durch die Zellatmung Kohlenstoffdioxid, ohne Sauerstoff produzieren sie durch die Gärung Kohlenstoffdioxid und Ethanol.

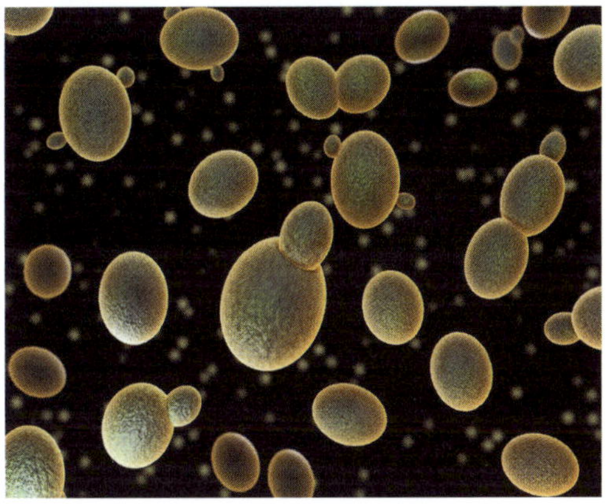

1 Bäckerhefe (*S. cerevisiae*), gefärbt

Der Forscher gab jeweils die gleiche Menge an Hefezellen in 10 cm^3 einer sterilen Nährlösung mit Mineralstoffen und Zucker und kultivierte sie bei einer Temperatur von 28 °C. Er untersuchte die Mono- und die Mischkulturen der Hefen unter aeroben und anaeroben Bedingungen [B 2, B 3]. Zur Ermittlung des Populationswachstums zentrifugierte er die erzeugte Biomasse.

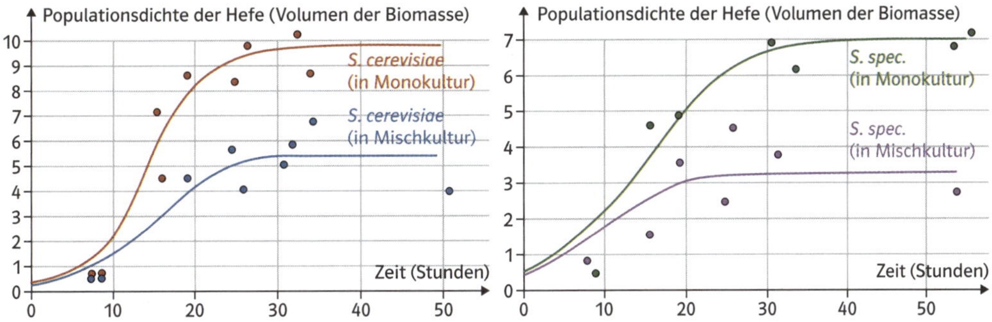

2 Monokulturen und Mischkulturen der Hefen unter aeroben Bedingungen

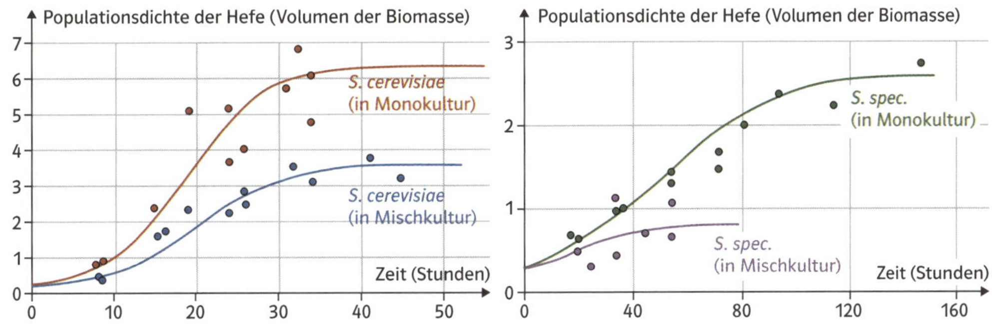

3 Monokulturen und Mischkulturen der Hefen unter anaeroben Bedingungen

Aufgaben

30/100 ● **1** Definieren Sie den Begriff „Umweltkapazität" und bestimmen Sie die Umweltkapazitäten der beiden Hefe-Arten in Mono- und Mischkulturen unter den verschiedenen Bedingungen [B 2, B 3].

20/100 ◒ **2** Erläutern Sie, von welchen Faktoren die Umweltkapazität für die Hefe-Arten abhängt [B 2, B 3].

20/100 ◒ **3** Beschreiben und erklären Sie die Wachstumskurve von *S. cerevisiae* (Monokultur) in [B 2].

30/100 ● **4** Deuten Sie die verschiedenen Befunde zum Populationswachstum der Hefe-Arten [B 2, B 3].

Fortpflanzungsstrategien

Die Entwicklung von Fröschen und Kröten findet, von wenigen Ausnahmen abgesehen, im Wasser statt. Dort abgelegte befruchtete Eier und die daraus schlüpfenden Kaulquappen sind eine begehrte Nahrungsquelle für verschiedene Tiere. Dennoch überleben manche Froscharten, obwohl sie viel weniger Eier produzieren. In Mittel- und Südamerika ist die Vielfalt besonders groß.

Grasfrosch

Das Weibchen legt bis zu 3000 Eier in einem Gelege ab. Nach der äußeren Befruchtung durch das Männchen werden sie von den Eltern nicht weiter versorgt oder bewacht. Oft entwickeln sich nur zwei bis drei Kaulquappen zu adulten Tieren.

Geburtshelferkröte

Das Männchen wickelt sich sogenannte Laichschnüre mit bis zu 64 befruchteten Eiern um die Hinterbeine und trägt sie an Land mit sich herum. Erst kurz bevor die kleinen Kaulquappen aus den Eiern schlüpfen, begibt es sich ins Wasser.

Dreifarbenblattsteiger

Bei dieser im mittelamerikanischen Regenwald lebenden Art legt das Weibchen 20 – 30 Eier auf einem Blatt ab. Nach der Befruchtung bewacht das Männchen das Gelege. Wenn die Kaulquappen aus dem Ei schlüpfen, trägt es sie zu einer Pfütze. Dort bewacht ein Elternteil die Nachkommen.

Lidblasenfrosch

Etwa 500 Eier werden am Rand eines Tümpels abgelegt. Nach deren Befruchtung schlägt das Weibchen mit den Eiern abgelegte Gallerte mit den Hinterbeinen schaumig auf. Der Schaum bildet eine schützende Hülle um die Eier (Schaumnest).

Erdbeerfrosch

Das Weibchen legt 5 – 8 Eier an Land ab. Wenn die Kaulquappen schlüpfen trägt sie das Weibchen einzeln auf dem Rücken zu wassergefüllten Trichtern von Bromelien. Dort kommt es in der Folgezeit manchmal vorbei und füttert sie mit unbefruchteten Eiern.

Rotaugenfrosch

Das Weibchen legt etwa 200 befruchtete Eier auf einem Blatt ab, das sich über einem Gewässer befindet. Nach dem Schlüpfen fallen die Kaulquappen in das Wasser und entwickeln sich dort zu adulten Fröschen.

1 Reproduktion und Brutpflege bei Fröschen

Aufgaben

40/100 ◒ **1** Beschreiben Sie die Fortpflanzungsstrategien von K-Strategen und r-Strategen.

60/100 ● **2** Vergleichen Sie die unterschiedlichen Angaben zur Fortpflanzung bei den verschiedenen Amphibienarten [B 1] und erklären Sie die Zusammenhänge.

Die Zersetzung eines Tierkadavers – eine Sukzession mit Folgen?

1 Totengräber (*Nicophorus spec.*) mit Milben

Die vollständige Zersetzung eines Tierkadavers vollzieht sich in der Natur unter Mitwirkung von verschiedenen Organismen-Arten, wie zuerst größeren Wirbeltieren, aber dann auch vielen verschiedenen Insekten [B1, B2], Pilzen und Bakterien. So wird eine Tierleiche, in warmer nicht zu trockener Umgebung in ca. einem Monat abgebaut (skelettiert), in kühlerer Umgebung erst sehr viel später. Anorganische Mineralstoffe, die beim Abbau entstehen, gelangen in den Boden [B3].

Der kontinuierliche Abbauprozess eines Kadavers wird in fünf Zersetzungsphasen untergliedert:

I: frischtotes Fleisch; keine bakterielle Zersetzung; kein Aasgeruch
II: festes, unzersetztes Fleisch; beginnende bakterielle Zersetzung; mäßiger Aasgeruch
III: durchweichtes Fleisch; Fell geht büschelweise aus; starker Aasgeruch
IV: bis auf einen geringen Rest vollständig verflüssigtes Fleisch
V: Fleisch nur noch als kleiner eingetrockneter Rest vorhanden; verflüssigte Fleischsubstanz in den Boden eingezogen; schwer abbaubare Reste wie Fell und Knochen bleiben übrig

Forschende beobachteten, dass verschiedene adulte Insekten während bestimmter Abbauphasen auf dem Kadaver eintrafen und ihn als Futterquelle oder zur Eiablage nutzten. Die Besiedlung des Kadavers durch verschiedene Insektenarten wurde dokumentiert, indem die Insekten in den Abbauphasen in Fallen gesammelt und anschließend bestimmt wurden [B2].

Vorkommen von Insektenarten beim Abbau des Kadavers	Abbauphasen										Anmerkungen	
	I	I	II	II	III	III	IV	IV	V	V		
Organische Materie											Aasfresser	Carnivor / Omnivor
Goldfliege (*Lucilla sericata*)	Aasfresser	Aasfresser	Aasfresser	Aasfresser	Aasfresser	Aasfresser					sie saugen an faulendem, verflüssigtem Fleisch; die Weibchen legen bis zu 500 Eier auf totes Fleisch	
Schwarze Schmeißfliege (*Calliphora vicina*)	Aasfresser	Aasfresser	Aasfresser	Aasfresser	Aasfresser	Aasfresser						
Plumpräuber, Käfer (*Proteinus laevigatus*)		Aasfresser	Aasfresser	Aasfresser	Aasfresser	Aasfresser					sie fressen feuchtes verwesendes Fleisch	
Breiter Aasräuber, Käfer (*Omalium rivulare*)		Carnivor	Carnivor	Carnivor	Carnivor	Carnivor					sie fressen auf feuchtem Aas Insekten und andere Gliederfüßer	
Laufkäfer (*Abax parallelepipedus*)		Carnivor	Carnivor	Carnivor	Carnivor	Carnivor	Carnivor	Carnivor			die Imagines und ihre Larven fressen Insekten	
Blutrote Raubameise (*Formica sanguinea*)		Omnivor	Omnivor	Omnivor	Omnivor	Omnivor	Omnivor	Omnivor			sie fressen Honigtau, Blütennektar und Insekten	
Fliegenlarven			Aasfresser	Aasfresser	Aasfresser	Aasfresser	Aasfresser	Aasfresser			die Fliegenlarven verflüssigen das Fleisch unter Abgabe von Enzymen; sie verpuppen sich in der Umgebung	
Glänzender Raubkäfer (*Philonthus politus*)			Aasfresser/Carnivor	Aasfresser/Carnivor	Aasfresser/Carnivor	Aasfresser/Carnivor	Aasfresser/Carnivor				sie fressen Aas, aber auch Insektren, Insektenlarven u.a.	
Wald-Totengräber, Käfer (*Nicrophorus vespilloides*) [B1]				Aasfresser/Carnivor	Aasfresser/Carnivor	Aasfresser/Carnivor	Aasfresser/Carnivor	Aasfresser/Carnivor			sie fressen Aas, selten Fliegenlarven;	auf der Körperoberfläche tragen sie Milben und Fadenwürmer, die zum Abbauprozess beitragen
Runzliger Aaskäfer (*Thansatophilus rugosus*)				Aasfresser	Aasfresser	Aasfresser	Aasfresser	Aasfresser			sie fressen Aas und Kot;	
Stutzkäfer (*Saprinus semistriatus*)				Carnivor	Carnivor	Carnivor	Carnivor				sie fressen nur Fliegenlarven	
Zweifleckiger Tagräuber, Käfer (*Aleochara bipustulata*)				Carnivor	Carnivor	Carnivor	Carnivor				sie fressen Insekten, ihre Larven entwickeln sich in Fliegenpuppen	
Käferlarven				Aasfresser	Aasfresser	Aasfresser	Aasfresser	Aasfresser			vgl. Fliegenlarven	
Waldmistkäfer (*Anoplotrupes stercorosus*)						Aasfresser	Aasfresser	Aasfresser	Aasfresser		sie fressen hauptsächlich Kot	
Nestkäfer (*Nargus velox*)							Aasfresser	Aasfresser	Aasfresser		sie fressen an Aas	
Speckkäfer (*Dermestes lardarius*)									Aasfresser	Aasfresser	sie fressen getrocknetes Aas, Fell	

2 Auftreten typischer Insektenarten bei der Zersetzung eines großen Tierkadavers (Auswahl)

Nach der Zersetzung eines großen Tierkadavers ist an seiner Stelle für mindestens ein Jahr das Wachstum besonders kräftiger Pflanzen festzustellen.
Um den Grund für dieses isolierte gute Pflanzenwachstum herauszufinden, ermittelten Forschende den Gehalt an Mineralstoffen im Boden unter dem abgebauten Kadaver indirekt durch eine Leitfähigkeitsmessung. Diese basiert auf der Gesamtleitfähigkeit der vorhandenen Ionen, die als Phosphat-, Ammonium- und Nitrat-Ionen identifiziert wurden [B 3].

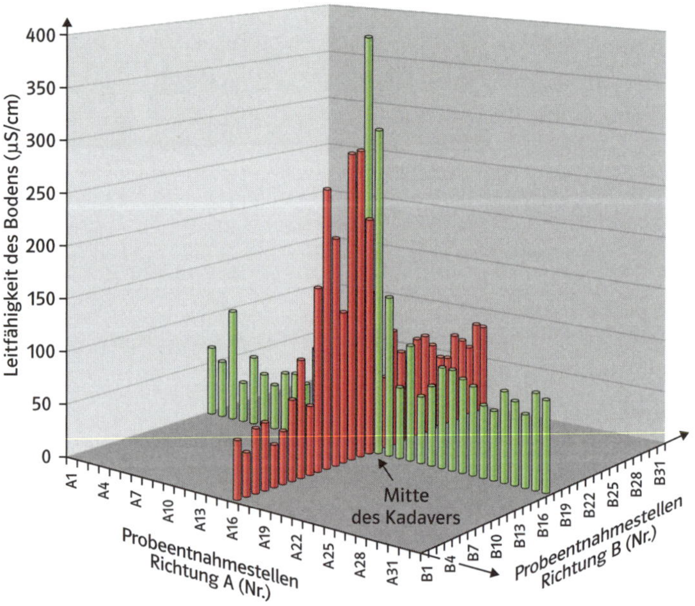

3 Ergebnisse der Leitfähigkeit des Bodens unter einem Kadaver
(Die Richtung der Probeentnahmen ist durch A und B gekennzeichnet)

In Deutschland werden verendete große Tierkadaver, z. B. von Rehen oder Wildschweinen, aus Hygienegründen beseitigt, denn EU-Vorschriften verbieten es in der Regel, Kadaver in freier Wildbahn liegen zu lassen.
In einem niederländischen Wildnisreservat wurde das Vorkommen von Insektenarten auf Flächen mit und ohne Kadaver und das Pflanzenwachstum in unmittelbarer Nähe zum Kadaver bzw. zum Kontrollgebiet erfasst.

Kriterium	Fläche mit Kadaver im Vergleich zur Fläche ohne Kadaver
Dichte der Insekten (Individuen)	4,2-fach
Artenanzahl der Insekten	2,6-fach
Pflanzenbiomasse	5,0-fach

4 Vergleich der Besiedlung von Flächen mit und ohne Kadaver

Aufgaben

20/100 ○ **1** Fassen Sie die Informationen zusammen, die im Eingangstext und in [B 2] enthalten sind.

25/100 ◒ **2** Erläutern Sie die Zwei-Partner-Beziehungen von ausgewählten Tierarten im Biotop „Tierkadaver" [B 2]. Prüfen Sie, ob es sich bei dem Abbauprozess um eine Sukzession handelt.

10/100 ○ **3** Erläutern Sie abiotische Einflüsse auf die Zersetzungsgeschwindigkeit des Tierkadavers.

25/100 ◒ **4** Erklären Sie das gute Pflanzenwachstum an der Stelle des abgebauten Kadavers [B 3].

20/100 ○ **5** Bewerten Sie die Forderung von Forschenden, für den Erhalt der Biodiversität große Wildtierkadaver in freier Wildbahn offen liegen zu lassen und nicht zu beseitigen [B 4].

Kojote und Beifußhuhn in der Prärie

1 Beifußhühner, Männchen (li.), Weibchen (re.)

Das Beifußhuhn (*Centrocercus urophasianus*) gehört zur Familie der Fasanenartigen. Es ist ein Bewohner in der nordamerikanischen Prärie. Die Beifußhühner sind auf eine Prärie mit Steppen-Beifuß angewiesen. Dieser Pflanzenbewuchs ist das Futter für die spezialisierten Vögel. Außerdem bietet er ihnen Balz- und Nistplätze sowie Versteckmöglichkeiten. Die Gebiete solcher Krautsteppen schrumpfen immer mehr. Dadurch ist die Existenz der Beifußhühner zunehmend gefährdet.

2 Kojote

Der Kojote (*Canis latrans*), auch Steppenwolf genannt, lebt überwiegend in Nordamerika. Er kommt ursprünglich in den Prärieregionen vor, hat sich aber zunehmend verbreitet und ist sogar in Städten zu finden. Zu seinem Beutespektrum zählen zu 90 % Hasen, Ziesel und Mäuse, viel seltener Aas, Schlangen, Füchse, Opossums, Vögel, Silberdachse oder Schafe. Er frisst auch Beeren und Früchte sowie Käfer. Vielerorts werden Kojoten zum Schutz der Schafherden und der heimischen Tierarten, z.B. der Beifußhühner, gejagt und somit ihr Bestand dezimiert.

Wissenschaftliche Untersuchungen zum Bestand der Beifußhühner gingen der Frage nach, inwieweit das Beuteverhalten der Kojoten die Populationsgröße der Beifußhühner verringert bzw. positiv beeinflusst.

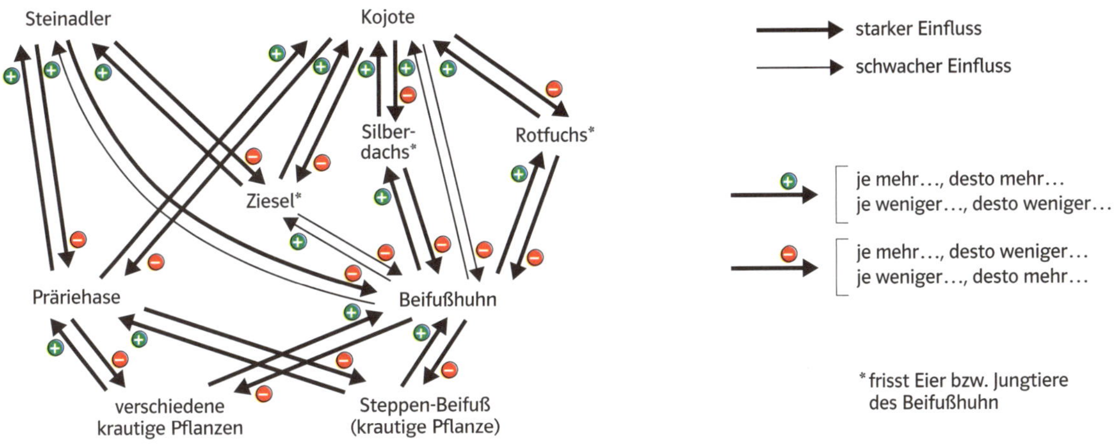

3 Vereinfachtes Schema zu Nahrungsbeziehungen im Habitat der Beifußhühner

Aufgaben

10/100 ○ 1 Skizzieren Sie unter Verwendung von [B3] zwei Nahrungsketten, an denen Kojote und Beifußhuhn beteiligt sind.

30/100 ◒ 2 Erläutern Sie exemplarisch die verschiedenen Beziehungen zwischen je zwei Arten in [B3].

60/100 ● 3 Entwickeln Sie eine Hypothese zu den Folgen einer starken Bejagung der Kojoten für die Populationsgröße der Beifußhühner.

Chemische Schädlingsbekämpfung

Auf Baumwollplantagen kann die Raupe eines Eulenfalters große Schäden verursachen, indem sie in die Kapselfrucht eindringt und die Ausbildung der Samenhaare verhindert, die als Baumwoll-Rohstoff geerntet werden. Im 20. Jahrhundert setzte man das Insektizid Azodrin ein, um die Schadwirkung einzudämmen. Der Einsatz erwies sich als Misserfolg, obwohl im Labor die Giftwirkung auf die Eulenfalter nachgewiesen werden konnte.

1 Baumwollpflanze

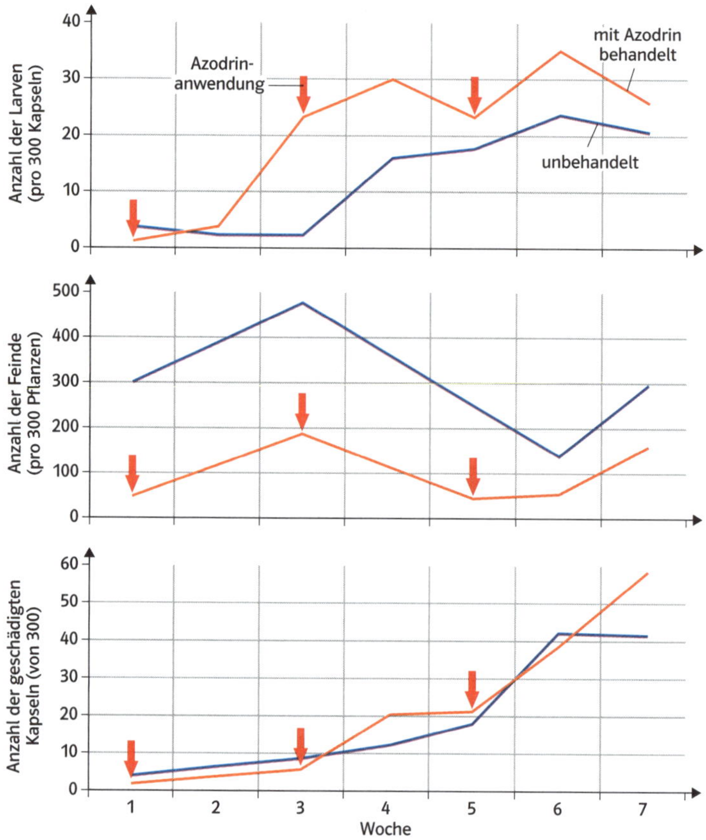

2 Aufnahme und Verteilung von Stickstoff

3 Baumwollwurm in Kapsel

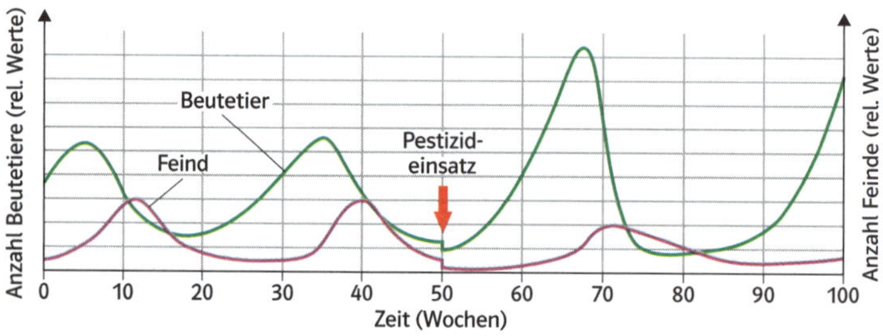

4 Pestizideinsatz in einem Feind-Beute-System

Aufgaben

20/100 ○ **1** Nennen Sie die drei Lotka-Volterra-Regeln.

60/100 ● **2** Bewerten Sie den Erfolg der Azodrin-Anwendung, indem Sie die Angaben zu den Teiluntersuchungen in [B 2] in Beziehung zueinander setzen.

20/100 ○ **3** Erklären Sie anhand von [B 4], inwieweit die dritte Lotka-Volterra-Regel im zugrunde liegenden Fall gezeigten Beispiel zutrifft.

Seesanierung durch Biomanipulation

Erhöhtes Pflanzen- und Algenwachstum in einem See ist meist das Ergebnis eines hohen Phosphateintrags. Mit einer Biomanipulation kann eine solche Algenblüte reduziert werden [B 1]. Die Biomanipulation ist der gezielte Eingriff in die Nahrungskette Phytoplankton – Zooplankton – Fisch mit dem Ziel, die Algenbiomasse zu reduzieren. Vor der ersten Biomanipulation (Fischentfernung) in einem schwedischen See [B 3] wurden Versuchsreihen durchgeführt [B 2], um die Bedeutung der Fische für die Populationsentwicklung der Mitglieder in den Nahrungsbeziehungen zu überprüfen.

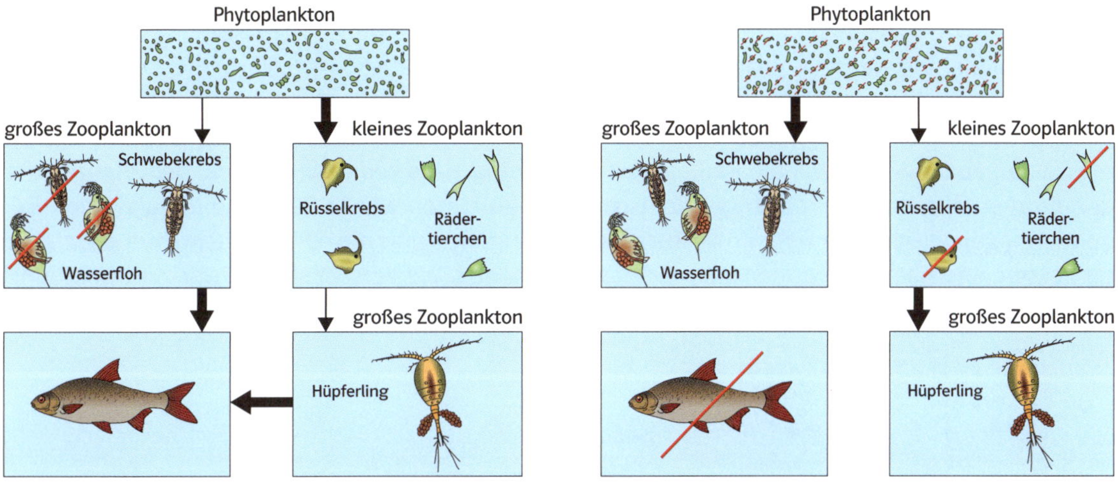

1 Nahrungsketten und Häufigkeitsverteilung in einem See mit Fischen (links) und ohne Fische (rechts)

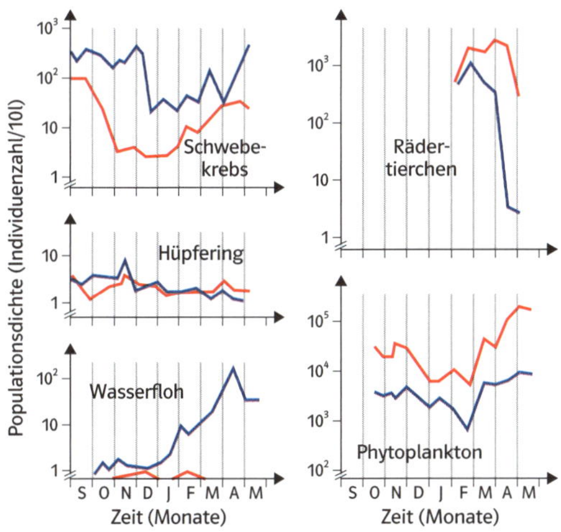

2 Planktondichte in Teichen (—— mit Fischen, —— ohne Fische)

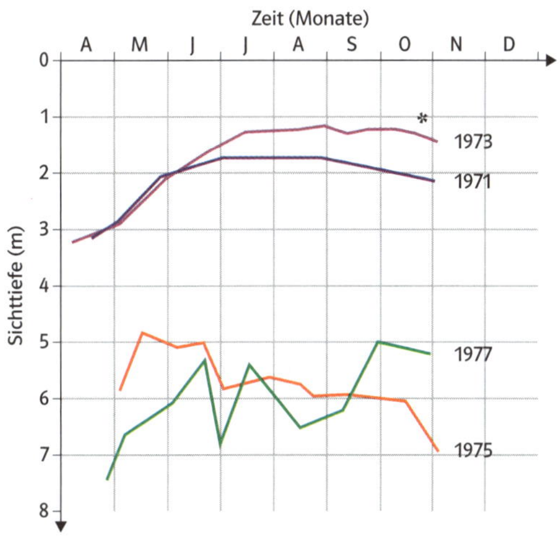

3 Veränderung im See (* Fischentfernung)

Aufgaben

10/100 ○ **1** Vergleichen Sie die Nahrungsketten in einem See mit und ohne Plankton fressende Fische [B 1].

25/100 ◒ **2** Erklären Sie die Veränderungen der Planktondichten in den Testreihen [B 2].

25/100 ◒ **3** Erläutern Sie zusammenfassend den Erfolg der Biomanipulation in dem schwedischen See [B 3].

40/100 ● **4** Stellen Sie eine Hypothese auf, wie Plankton fressende Fische im See dezimiert werden können.

Tracer verfolgen den Nahrungsweg

Quantitative Analysen zu Nahrungsbeziehungen sind im Freiland schwierig durchzuführen. Eugene P. Odum (1914 – 2002) führte mit seinen Mitarbeitern 1963 erste Untersuchungen zu Nahrungsketten auf einer natürlichen Grasfläche durch. Dafür wurden radioaktive Phosphate mit dem Tracer ^{32}P eingesetzt. Atome dieses ^{32}P-Isotops verhalten sich chemisch identisch wie die des stabilen Isotops ^{31}P. Phosphor ist ein wichtiges Element für den Aufbau verschiedener Moleküle in jedem Organismus. Der radioaktive Phosphor, der mit einer Halbwertszeit von 14,3 Tagen zerfällt, kann über die ausgesendete β-Strahlung (Elektronenstrahlung) mit einem Geigerzähler aufgespürt werden.

Für die Markierung wurde eine abgegrenzte Versuchsfläche (ca. 1,50 m 5,00 m) nicht einfach mit der radioaktiven Phosphat-Lösung besprüht, sondern die Lösung wurde in die Grashalme injiziert. Wenn sie sich in dem Flüssigkeitsvolumen der Pflanze verteilt hat und das Phosphat in die Biomasse eingebaut wurde, war die Radioaktivität so gering, dass keine Schädigung der Pflanze oder der übrigen Mitglieder der Lebensgemeinschaft zu befürchten war. In den auf die Markierung folgenden Tagen wurden die Tiere im Versuchsfeld gefangenen und die ^{32}P-Menge in ihrer Biomasse gemessen. Anschließend wurden sie wieder zurückgesetzt. Die Versuchsfläche war zur Umgebung gut abgedichtet.

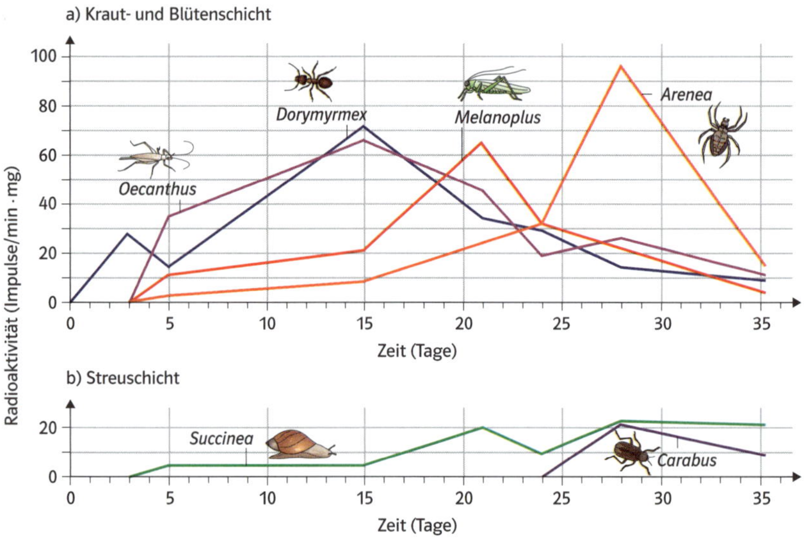

Dorymyrmex	(kleine Ameise)	frisst kleinste, jüngste Pflanzenteile
Oecanthus	(kleine Grille)	frisst kleine, junge Pflanzenteile
Melanoplus	(große Heuschrecke)	frisst große, alte Pflanzenteile
Arenea	(Spinne)	frisst Insekten
Succinea	(Bernsteinschnecke)	frisst vermodernde und frische Blätter
Carabus	(Laufkäfer)	frisst Schnecken und Insekten, ist nachtaktiv

1 Tracer-Gehalt (^{32}P) von Tieren im Grasland (a) Kraut- und Blütenschicht, b) Streuschicht)

Aufgaben

15/100 ○ **1** Fassen Sie die Versuchsergebnisse zusammen [B 1].

50/100 ● **2** Erläutern Sie mithilfe dieser Versuchsergebnisse [B 1] die dargestellten ökologischen Beziehungen im Ökosystem Grasland.

35/100 ◒ **3** Erläutern Sie das Ziel und die Vorgehensweise der Forscher in der vorgestellten Felduntersuchung.

Bewertung der Jagd

Das Thema Jagd und die Rolle der Jäger im Naturhaushalt werden immer wieder kontrovers diskutiert. Außerhalb der Schonzeit töten Jäger im Rahmen gesetzlicher Bestimmungen und unter bestimmten Voraussetzungen neben anderen Wildarten auch Rehe.

Bezüglich der Eingriffe des Menschen in einen Wildbestand durch Bejagung einzelner Arten gibt es unterschiedliche Positionen, zu denen hier einige Argumente beispielhaft wiedergegeben werden.

1 Jäger in seinem Revier

„Ohne regelmäßige Abschüsse vermehren sich die Rehe zu stark. Im Winter fressen die Tiere Rinde junger Bäume. Dadurch werden die Transportbahnen in den Bäumen beschädigt. Sie müssen durch neue Setzlinge ersetzt werden.

Außerdem ‚fegen' die Böcke im Sommer ihr junges Gehörn an Jungpflanzen, d. h. sie scheuern die hornbildende Haut vom fertigen Gehörn. Durch die Winterfütterung fördern Jäger die Überlebensrate der Rehe in strengen Wintern und tragen so teilweise zu einer überhöhten Rehdichte bei."

2 Ein Forstwirt

„Rehe sind einheimische Wildtiere. Ihre Population soll sich natürlich entwickeln. Das Gewinnstreben der Waldbesitzer muss dahinter zurücktreten.

Außerdem ist es ein unbeschreibliches Vergnügen, bei Spaziergängen durch Wald und Wiesen Rehe in ihrem natürlichen Verhalten zu beobachten."

3 Ein Naturfreund

„Obwohl Wölfe, die einzigen ursprünglich einheimischen Feinde der Rehe, vereinzelt wieder in Deutschland vorkommen (ebenso wie der seltene Luchs), muss man feststellen, dass die natürliche Auslese bei Rehen weitestgehend nicht stattfindet. Dadurch überleben auch kranke Tiere und solche, die aufgrund körperlicher Schwächen natürlicherweise sehr wahrscheinlich Beute der Wölfe würden.

Aufgabe der Jäger ist es, schwache Tiere zu erlegen und den Bestand nicht zu groß werden zu lassen. Durch die Winterfütterung versuchen wir, die Tiere davon abzuhalten, junge Bäume durch das Abfressen von Rinde (Schälen) zu schädigen."

4 Ein Jäger

Wildunfälle nehmen zu

Jedes Jahr im Spätherbst kommt es vermehrt zu Wildunfällen. Neben Unfällen mit den in manchen Regionen zahlreichen Wildschweinen sind häufig Rehe beteiligt, die sich auch durch Motorenlärm und Scheinwerferlicht nicht davon abhalten lassen, in der Dämmerung Landstraßen zu überqueren.
Blendet ein Kraftfahrzeug nachts auf der Landstraße die Scheinwerfer auf, bleiben die Rehe manchmal wie angewurzelt stehen. ...

5 Ausschnitt aus einem Zeitungsartikel

Aufgaben

50/100 **1** Stellen Sie die Argumente in den einzelnen Texten zusammen und bewerten Sie sie unter Einbeziehung der sich äußernden Personen.

50/100 **2** Stellen Sie eine begründete eigene Position dar, indem Sie entweder eine Präsentation vorbereiten, einen Leserbrief schreiben oder eine Mind-Map erstellen.

Symbiose

Unter natürlichen Bedingungen wachsen gekeimte Erbsen auf den meisten Böden ohne größere Düngergaben zu kräftigen Pflanzen heran. Aus den Fruchtblättern bilden sich Hülsen als Früchte, die meist mehrere Erbsen enthalten [B 1].

Zieht man die Wurzeln am Stängel aus dem Boden, so erkennt man an den Wurzeln kleine Knöllchen. Im elektronenmikroskopischen Bild erkennt man in den Knöllchen viele Bakterienzellen. Chemische Untersuchungen zeigen einen überdurchschnittlich hohen Stickstoffgehalt im Knöllchengewebe. In der Landwirtschaft wird dieses auch bei anderen Hülsenfrüchtlern beobachtbare Phänomen ausgenutzt, um den Einsatz von mineralischem Kunstdünger zu reduzieren. Man spricht in diesem Fall von Gründüngung.

1 Erbsenpflanze mit Frucht und Wurzelknöllchen

In einem Versuch wurden Erbsen unter verschiedenen Bedingungen herangezogen. Zur Vorbereitung wurden zwei Gefäße mit Quarzsand gefüllt und zwei Stunden auf 200 °C erhitzt. Die dort hineingesetzten Erbsensamen sterilisierte man vorher mit 3 %-iger Wasserstoffperoxid-Lösung und dann mit 70 %-igem Alkohol. Bis zur Keimung hielt man den Inhalt beider Gefäße mit destilliertem Wasser feucht. Danach wurde in die beiden Gefäße eine Nährlösung gegeben, die folgende Salze enthielt: Calciumsulfat ($CaSO_4$), Magnesiumsulfat ($MgSO_4$), Kaliumdihydrogenphosphat (KH_2PO_4) und Eisen-III-chlorid ($FeCl_3$). Das weitere Gießen und das Wuchsergebnis zeigt Bild 2.

	Gefäß A	Gefäß B
erstes Gießen	destilliertes Wasser	destilliertes Wasser wird in ein Gefäß mit etwas Erde aus einem Erbsenbeet gegeben und geschüttelt. Nach dem Absetzen der Erde wird der Überstand zum ersten Gießen verwendet
weiteres Gießen	Nährlösung wie oben beschrieben	Nährlösung wie oben beschrieben
Wuchsergebnis nach 2 Wochen		

2 Pflanzenwachstum unter unterschiedlichen Bedingungen

Aufgaben

30/100 ◒ **1** Erklären Sie das in [B 2] gezeigte Versuchsergebnis.

20/100 ○ **2** Beschreiben Sie am vorliegenden Beispiel das Phänomen „Symbiose".

50/100 ● **3** Erklären Sie das Prinzip der Gründüngung.

Eine Drei-Partner-Beziehung – Symbiose zu dritt?

1 *Dichanthelium lanuginosum*

Extrem hohe Temperaturen sind normalerweise für Pflanzen lebensfeindlich. Dies gilt jedoch nicht für das Rispengras *Dichanthelium lanuginosum*, das am Rande von heißen Quellen im Yellowstone National Park trotz Bodentemperaturen von über 50 °C langfristig existieren kann. Eine US-amerikanische Forschergruppe fand heraus, dass das Wurzelgewebe dieses Grases von dem Pilz *Curvularia protuberata* besiedelt ist. Außerdem entdeckten die Forscher in diesem Pilz ein bis dahin unbekanntes Pilzvirus. Da das entdeckte Virus eine wichtige Rolle bei der Hitzetoleranz spielt, erhielt es den wissenschaftlichen Namen *Curvularia thermal tolerance virus (CthTV)*.

Mit verschiedenen Versuchen wurde die Rolle des Pilzes und des Pilzvirus bei der Hitzetoleranz des Grases *Dichanthelium lanuginosum* untersucht. Dazu wurden Exemplare dieser Art pilzfrei gemacht und einige von ihnen anschließend wieder mit virusfreien Pilzen bzw. mit virushaltigen Pilzen beimpft. Diese drei Gruppen von Graspflanzen wurden für 14 Tage einem extremen Hitzestress ausgesetzt. Jeden Tag wurden sie künstlich für 10 Stunden bei Bodentemperaturen von 65 °C und anschließend für 14 Stunden bei 37 °C gehalten [B 2].

In Anbetracht des befürchteten globalen Klimawandels versuchten die Forscher in einer weiteren Versuchsreihe, diese Form der Hitzetoleranz auf andere Pflanzen, z. B. Tomatenpflanzen (*Solanum lycopersicum*), zu übertragen. Dabei gingen sie auf die gleiche Weise vor wie bei der Versuchsreihe mit *Dichanthelium lanuginosum* [B 3].

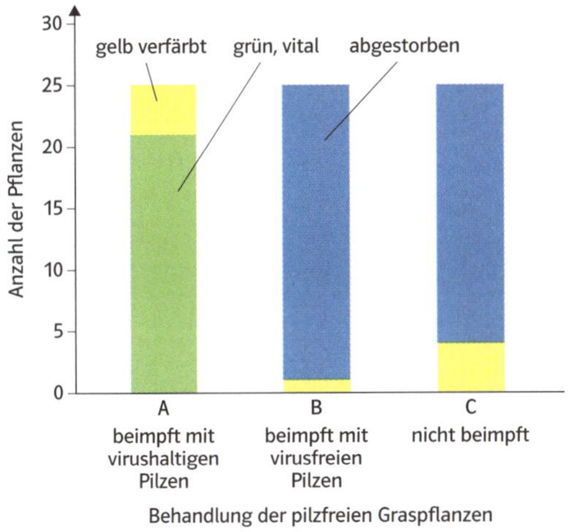

2 Experimente zur Hitzetoleranz bei Graspflanzen

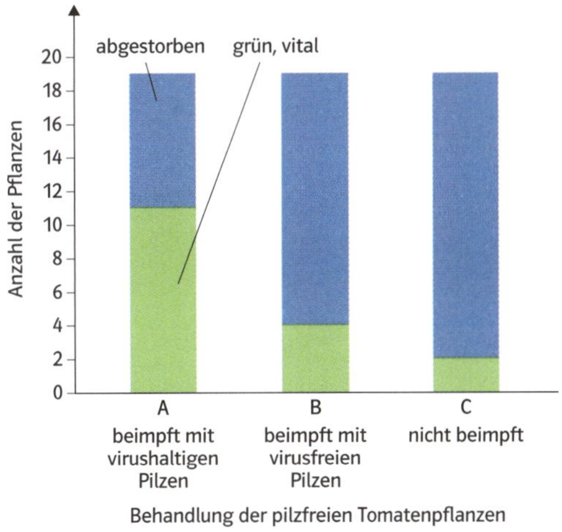

3 Experimente zur Hitzetoleranz bei Tomatenpflanzen

Aufgaben

20/100 **1** Werten Sie die Daten der Versuchsreihe zur Hitzetoleranz beim Gras *D. lanuginosum* aus [B 2].

50/100 **2** Erklären Sie unter Berücksichtigung der Definition für Symbiose, ob es sich bei dieser Drei-Partner-Beziehung um eine Symbiose zu dritt handelt.

30/100 **3** Werten Sie die Daten der Versuchsreihe zur Übertragung der Hitzetoleranz auf Tomatenpflanzen [B 3] im Vergleich zur ersten Versuchsreihe aus.

Ölkäfer imitieren Sandbienen

Der Ölkäfer *Meloe franciscanus* lebt in der Mojave-Wüste im westlichen Nordamerika. Der Käfer schlüpft nach seiner Puppenruhe im Frühjahr in den Sanddünen. Dort ist das Schmetterlingsblütengewächs *Astragalus lentiginosus* vereinzelt und weit verstreut zu finden. Wenn die Pflanze blüht, sind auch die Ölkäfer vor Ort. Die Blätter sind die ausschließliche Futterquelle für die erwachsenen, flugunfähigen Käfer. Die Blüten sind die Nektar- und Pollenquelle für die solitär lebende Sandbiene *Habropoda pallida*. Das Sandbienen-Weibchen trägt das eingesammelte Material in die zwei Meter tiefe Erdröhre hinein, in der sich ihre Brut befindet.

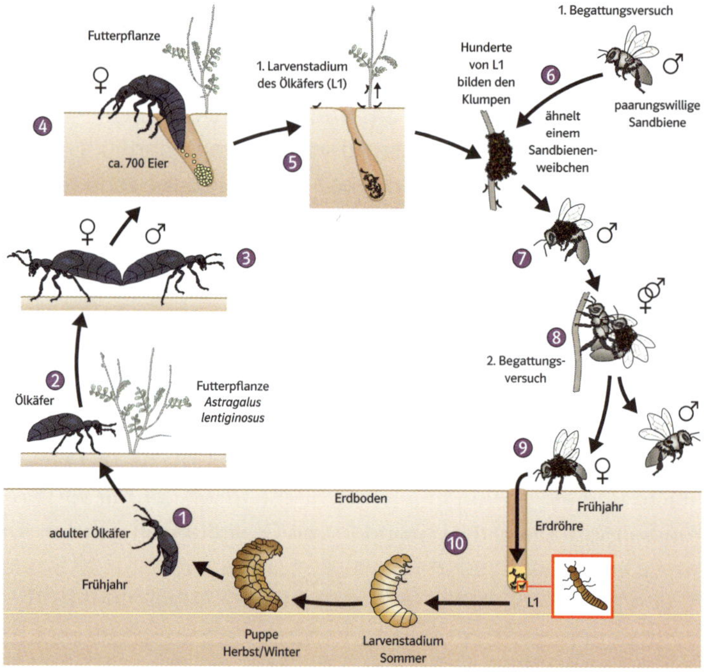

1 Entwicklungszyklus der Ölkäfer

Die Larven des Ölkäfers sind Brutparasiten. Sie ernähren sich von Nektar und Pollen in den Brutröhren der Sandbienen, fressen aber auch die Eier und Larven ihres Wirts. Im 1. Larvenstadium (L 1) lassen sie sich von Sandbienen dorthin transportieren [B 1].

Forscher untersuchten 2006 die Ursachen für das Anflugverhalten der Sandbienen-Männchen [B 2, B 3] und extrahierten dazu die flüchtigen Duftstoffe aus den beteiligten Tieren.

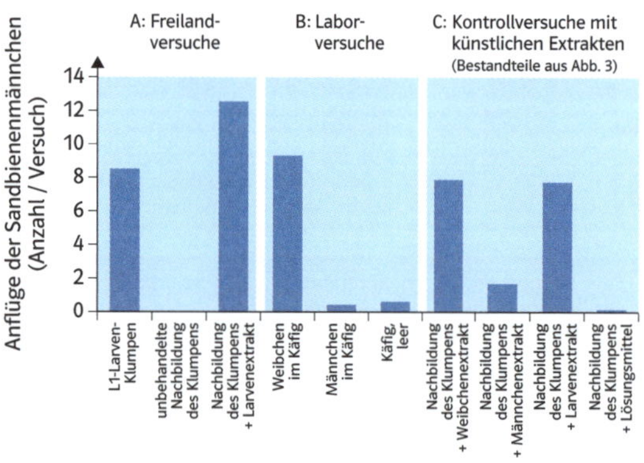

2 Anflüge der Männchen

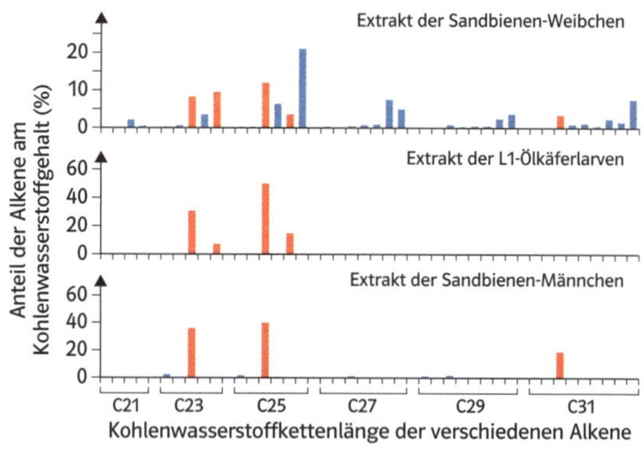

3 Duftstoffe in Extrakten (rot: gleiche Alkene)

Aufgaben

10/100 ○ **1** Beschreiben Sie den Entwicklungszyklus des Ölkäfers (①-⑩) inklusive seiner Aufenthaltsbereiche [B 1].

30/100 ◒ **2** Werten Sie die Versuchsergebnisse aus [B 2] aus.

60/100 ● **3** Erklären Sie das Verhalten der Sandbienenmännchen mit den Ergebnissen aus [B 3].

„Hundemalaria" in Deutschland

1 *Auenwaldzecke*

Babesia canis ist ein einzelliger Parasit, der Hunde befällt. Im Körper des Hundes dringen die Parasiten in die Roten Blutzellen ein und vermehren sich durch Zellteilung. Durch die Anzahl der entstehenden Einzeller platzen die Roten Blutzellen und die Parasiten werden freigesetzt. Beim Hund kommt es unter anderem zu Blutarmut und hohem Fieber. Deswegen wird die Erkrankung auch als Hundemalaria bezeichnet. Wird der Hund nicht behandelt, endet die Erkrankung im Allgemeinen tödlich. Die Hundemalaria wurde bisher zu den sogenannten „Mittelmeerkrankheiten" gezählt. Erkrankte Hunde hatten sich in südlichen Ländern mit den Parasiten angesteckt, beispielsweise bei Urlaubsreisen. Der Grund hierfür ist der Übertragungsweg. Die Parasiten werden nur von der Auenwaldzecke (*Dermacentor reticulatus*) beim Blutsaugen auf den Hund übertragen. Diese spezielle Zeckenart gab es bislang in Deutschland nicht.

Auch die Auenwaldzecke ist vermutlich mit Urlaubern nach Deutschland eingereist, hat sich inzwischen aber in ganz Deutschland verbreitet. Sie wird etwas größer als die häufigsten einheimischen Zeckenarten und übersteht auch harte Winter. Neben *Babesia canis* kann sie auch andere Krankheitserreger übertragen und mit diesen auch andere Wirte infizieren. Den Menschen beißt sie aber nur selten.

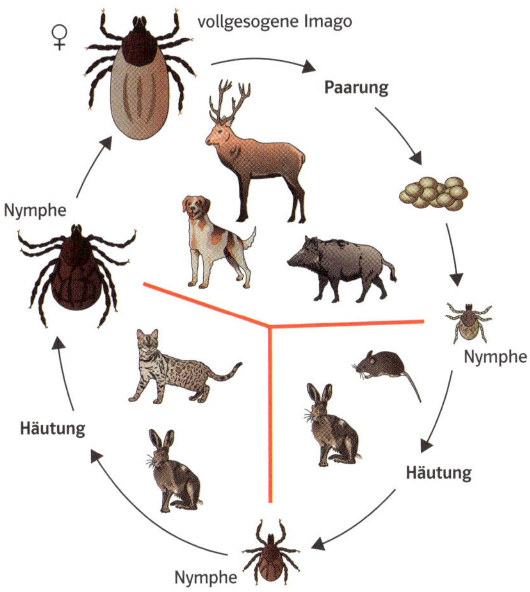

2 Vermehrungszyklus der Auenwaldzecke (1 – 1,5 Jahre)

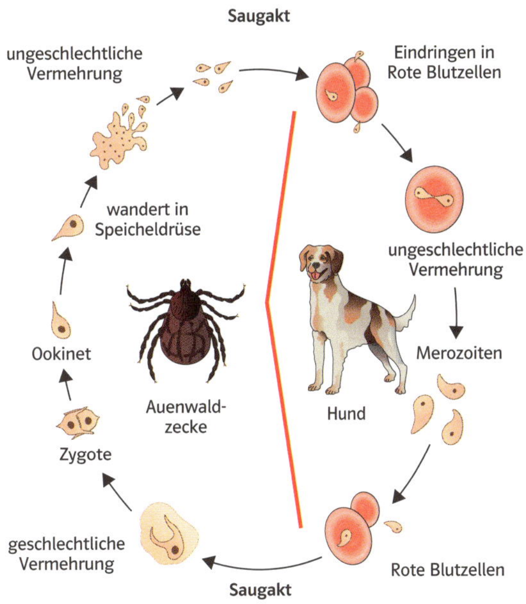

3 Vermehrungszyklus von *Babesia canis*

Aufgaben

10/100 ○ **1** Beschreiben Sie den Vermehrungszyklus der Auenwaldzecke in [B 2].

20/100 ◒ **2** Nennen Sie drei Unterschiede zwischen den Parasiten Auenwaldzecke und *Babesia canis* [B 2 und 3].

20/100 ◒ **3** Nennen Sie begründet den jeweiligen Endwirt der beiden Parasiten [B 2 und 3].

50/100 ● **4** Erläutern Sie am Beispiel der Auenwaldzecke den Unterschied zwischen Parasiten und Räubern.

Pilze im Ökosystem Wald

Pilze sind heterotrophe Lebewesen. Im Waldboden haben sie einen maßgeblichen Anteil am Abbau der Biomasse. Viele Baumarten im Wald leben in enger Verbindung mit bestimmten Pilzen, deren feines Geflecht aus Pilzfäden (Hyphen, Gesamtheit Myzel) die Wurzeln der Pflanzen umschließen und mit Wurzelzellen Kontaktstellen ausbilden. Diese Wurzelbereiche bilden keine Wurzelhaare aus. Diese Form des Zusammenlebens bezeichnet man als Mykorrhiza.

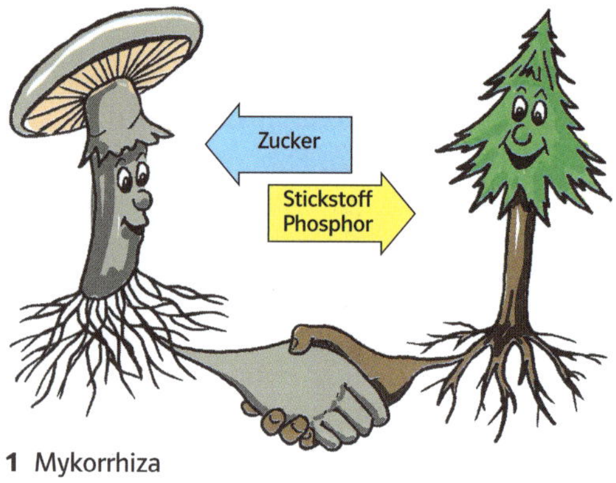

1 Mykorrhiza

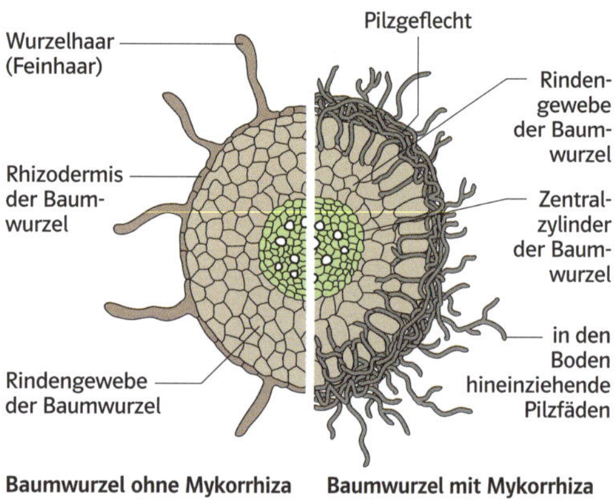

2 Baumwurzeln mit und ohne Mykorrhiza

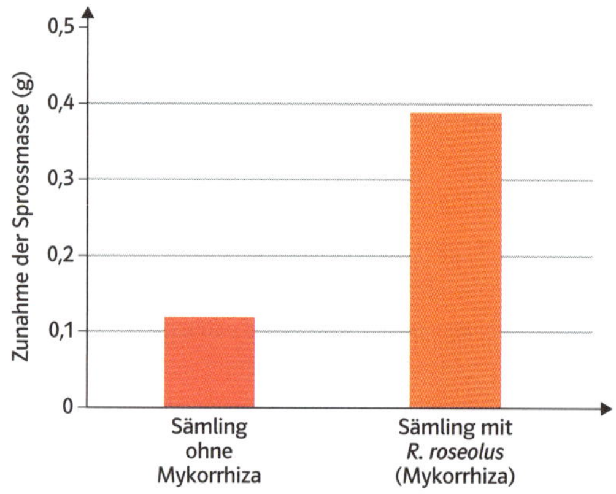

3 Wachstum von Kiefernsämlingen

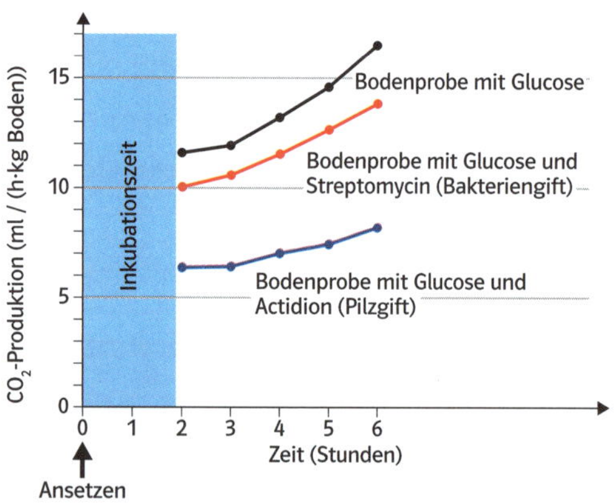

4 Kohlenstoffdioxid-Freisetzung aus drei Proben eines Bodens

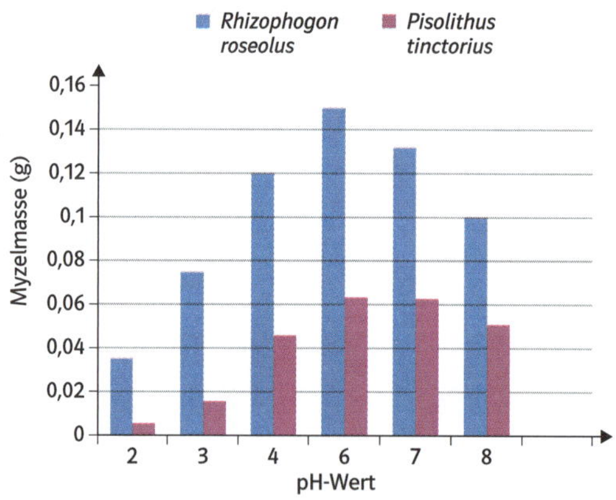

5 Zuwachs bei zwei Mykorrhiza-bildenden Pilzmyzelien in 21 Tagen

Aufgaben

20/100 ○ **1** Beschreiben Sie die Form des Zusammenlebens zwischen autotropher Kiefer und heterotrophem Pilz in der Mykorrhiza unter Verwendung von [B 1 – 3].

30/100 ◒ **2** Analysieren Sie mithilfe von [B 4] die Bedeutung der im Boden vorhandenen Bakterien und Pilze für das Pflanzenwachstum im Wald.

50/100 ● **3** Erklären Sie mit Bezug zu [B 5], dass sich eine Versauerung des Waldbodens (Sinken des pH-Wertes) negativ auf die Waldentwicklung auswirkt.

Lohnende Beute

1 Gemeine Muschel an Uferfelsen

2 Möwe fliegt mit Miesmuschel über harten Grund

Zur Gruppe der Miesmuscheln (*Mytilidae*) gehören neben der Gemeinen Miesmuschel (*Mytilus edulis*) auch die etwas kleinere und hartschaligere Art Kalifornische Miesmuschel (*Mytilus californianus*). Beide Arten besiedeln küstennahe Oberflächen, an die sie sich mit Byssusfäden anheften [B 1]. Beide Miesmuschelarten sind beliebte Beute vieler Seevögel und Meerestiere, wie Seesterne und Krebse. Da die Muscheln bei Gefahr ihre beiden Schalenhälften mit einem kräftigen Muskel zusammenpressen, ist das nahrhafte Muschelfleisch für Beutegreifer nicht einfach zu erreichen. Sie wenden unterschiedliche Strategien an. Krebse setzen ihre kräftigen Zangen ein. Möwen kann man häufig dabei beobachten, dass sie Muscheln aus großer Höhe auf einen harten Untergrund fallen lassen und dann in den Trümmern das Muschelfleisch aufpicken. Selbst Schnecken gelingt das Erbeuten der unbeweglichen Muscheln durch Beschädigen des Schalenrandes.

Strandkrabben wurden in Versuchsreihen unterschiedlich große Individuen der Gemeinen Miesmuscheln angeboten. Man bestimmte den Energiegewinn, also die Differenz aus Energiehalt der Muscheln und energetischem Aufwand beim Nahrungserwerb [B 3], sowie die Anzahl der Beutetiere pro Tag [B 4]. Räuberischen Schnecken bot man unterschiedliche Zusammenstellungen von Muscheln der oben genannten Arten und beobachtete ihre Wahl beim Beutemachen [B 5].

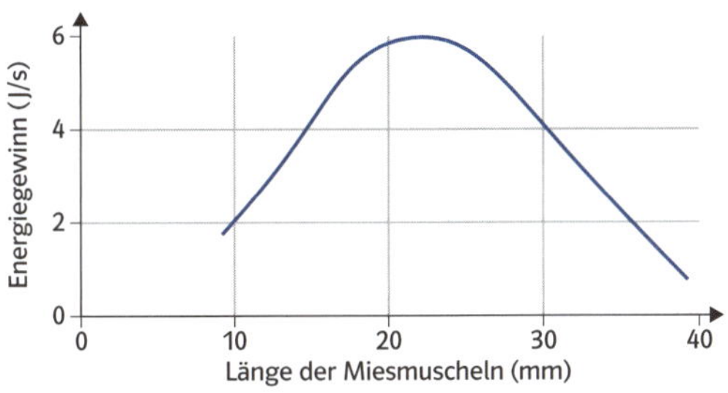

3 Energiegewinn und Beutegröße

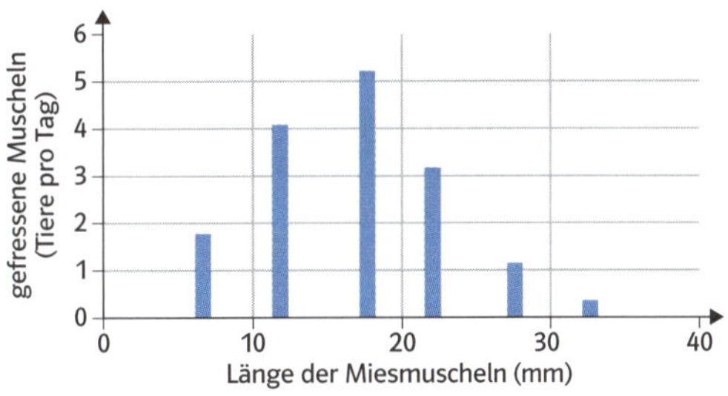

4 Anzahl natürlich gefressener Muscheln

Aufgaben

10/100 ○ **1** Interpretieren Sie die Daten in [B 3 und 4].

20/100 ◒ **2** Leiten Sie aus den Daten eine ökologische Angepasstheit ab.

20/100 ◒ **3** Stützen Sie Ihre Aussagen zu Aufgabe 2 durch Erklärung der gestrichelten Kurve in [B 5].

50/100 ● **4** Fassen Sie die Inhalte der Seite in einem Kommentar zur Überschrift zusammen.

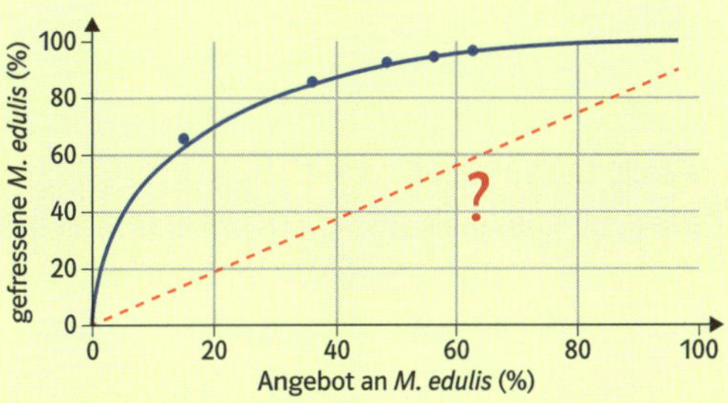

5 Ausgewählte Beuteart

Termiten – Lebewesen mit einer Schlüsselrolle

In manchen Ökosystemen sind einzelne Arten oder systematische Gruppen von Lebewesen von besonderer Bedeutung für ein Ökosystem. So fluten zum Beispiel Biber große Flächen in Auwäldern, indem sie durch Dämme das Wasser aufstauen. So entstehen Feuchtbiotope mit einer speziellen Biozönose. Der Biber ist damit ein Beispiel für eine Schlüsselart in seinem Ökosystem.

1 Termitenhügel in Sambia (Afrika)

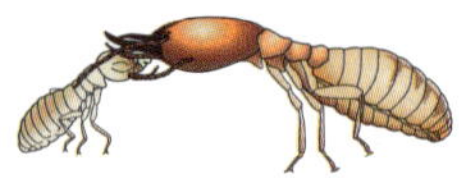

2 Arbeiter füttert großen Soldaten

In einem anderen Beispiel wird die Schlüsselrolle einer Tiergruppe nicht auf den ersten Blick deutlich. Die afrikanische Savanne ist geprägt von einer trocken-kahlen Pflanzengesellschaft. Eine geschlossene Krautschicht ist nur in der sommerlichen Regenzeit grün, die spärlichen Bäume sind an lange Trockenperioden angepasst. In größeren Abständen findet man Termitenbauten, sowohl aktive, bis zu mehreren Meter hohe Bauwerke mit einer festen Hülle aus Lehm und Holzfasern [B 1], als auch verlassene, mehr oder weniger flache Hügel als Ruinen. Die Baumeister sind Termiten, z. B. der Art *Bellicositermes natalensis*. Diese sozial lebenden Insekten bilden Völker mit mehreren Kasten, deren Angehörige verschiedene Aufgaben haben [B 2]. Die Schlüsselrolle der Termiten ergibt sich aus der Tatsache, dass der Boden für den Biomasseabbau durch Destruenten zu trocken ist. Ohne die Termiten könnte die heute anzutreffende Lebensgemeinschaft aus Pflanzen sowie kleinen und großen Tieren langfristig nicht existieren.
Die Savanne wäre übersäht von Pflanzenresten und tierischen Ausscheidungen. Insbesondere die pflanzentypische Cellulose und das in Holz vorkommende Lignin würden als totes biologisches Material den Boden bedecken.

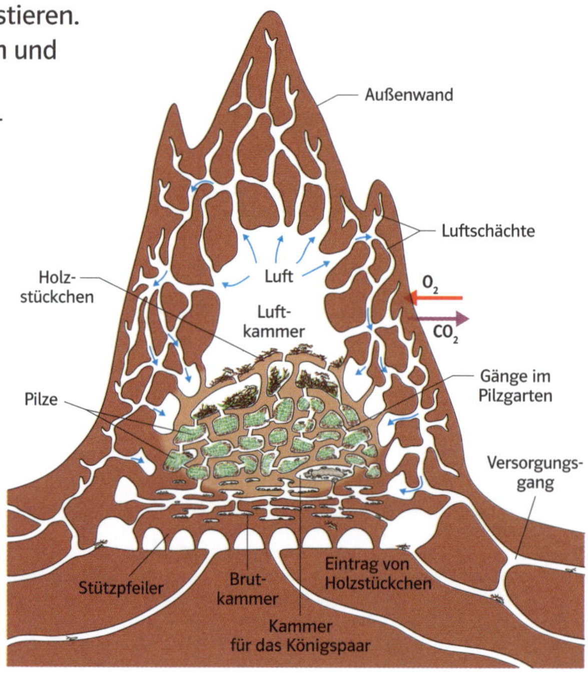

3 Bau eines Termitenhügels der Art *Bellicositermes natalensis*

Aufgaben

30/100 ◒ **1** Beschreiben Sie den inneren Bau des Termitenhügels [B 3] und leiten Sie die Funktionen der einzelnen Bestandteile ab.

20/100 ○ **2** Erklären Sie, dass Cellulose abbauende Einzeller im Termitendarm und die Pilze im Termitenhügel vergleichbare Lebensbedingungen haben.

50/100 ● **3** Erklären Sie die zentrale Bedeutung der Termiten für die Lebensgemeinschaft der Savanne.

Zucht von Speisefischen

Als Speisefische eignen sich verschiedene Fischarten. In freier Wildbahn sind allerdings einige Fischarten inzwischen im Bestand gefährdet, da zu viele Tiere gefangen wurden. Um diesem Problem zu begegnen, können Speisefische für den menschlichen Verzehr in Fischfarmen gezüchtet werden. So werden die natürlichen Bestände geschont, ohne dass Menschen ihren Fischkonsum reduzieren müssen.
Bei der Zucht von Speisefischen wird aus wirtschaftlichen Gründen auf hohe Effizienz geachtet. Mit möglichst geringem Einsatz von Mitteln soll möglichst viel Fisch produziert werden.

Graskarpfen

natürliches Vorkommen:
ursprünglich China, seit den 1960er-Jahren auch in Deutschland (eingeführt für die Teichwirtschaft)

Lebensweise:
- bewegt sich überwiegend träge
- ernährt sich von Wasserpflanzen
- kann bis zu 120 cm lang werden und 40 kg schwer
- weidet Wasserpflanzen in flachem Wasser ab

Haltung in Fischteichen:
- Haltung in flachen Teichen, teilweise Mineralstoffzugaben zur Förderung des natürlichen Pflanzenwachstums
- können auch mit jungen Getreidepflanzen oder Grasschnitt gefüttert werden

Hecht

natürliches Vorkommen:
einheimischer Fisch in Seen und langsam fließenden Flüssen

Lebensweise:
- laicht in Uferbepflanzung
- ernährt sich als Jungfisch von Plankton
- wächst schon im ersten Jahr auf 30 cm Länge heran
- ernährt sich später von kleinen Fischen (auch Kannibalismus), Fröschen und Wasservögeln
- kann schnelle Angriffe schwimmen
- verteidigt einen ufernahen Bereich gegen Artgenossen

Haltung in Fischteichen:
- Haltung in Teichen mit Karpfen und anderen Fischarten, die als Nahrung dienen
- Fütterung mit Fischmehl

1 Vergleich zweier Speisefische

Trophiestufe	Energetisches Äquivalent
Sonneneinstrahlung	7 120 000 kJ/m² Seeoberfläche und Tag
Produzent	77 131 kJ/m² Seeoberfläche und Tag
Konsument 1. Ordnung	8 801 kJ/m² Seeoberfläche und Tag
Konsument 2. Ordnung	799 kJ/m² Seeoberfläche und Tag

2 Energetisches Äquivalent der produzierten Biomasse verschiedener Trophiestufen

Aufgaben

20/100 ○ **1** Zeichnen Sie ein Diagramm zum Energiefluss [B 2]. Errechnen Sie hierfür, wie viel Prozent der Biomasse in der jeweils nachfolgenden Trophiestufe für den Aufbau von Biomasse genutzt wird.

40/100 ◒ **2** Erklären Sie, dass nicht die ganze Energie, die in der Biomasse einer Trophiestufe enthalten ist, zum Aufbau von Biomasse in der nächsten Stufe genutzt werden kann.

40/100 ◒ **3** Vergleichen Sie die Eignung von Graskarpfen und Hecht für die Speisefisch-Zucht.

Der Große Quellsee Silver Springs in Florida

Der Quellsee Silver Springs im Norden Floridas ist das Ergebnis der größten artesischen Quelle weltweit. Aus einer Quelle im Seeboden steigt unter Druck Wasser auf. In diesem Quellsee gelangen täglich mehr als 2 Milliarden Liter glasklares Wasser an die Oberfläche. Er ist eine Touristenattraktion. Mit Glasbodenbooten kann die Vielfalt der Unterwasserwelt besichtigt werden [B1].

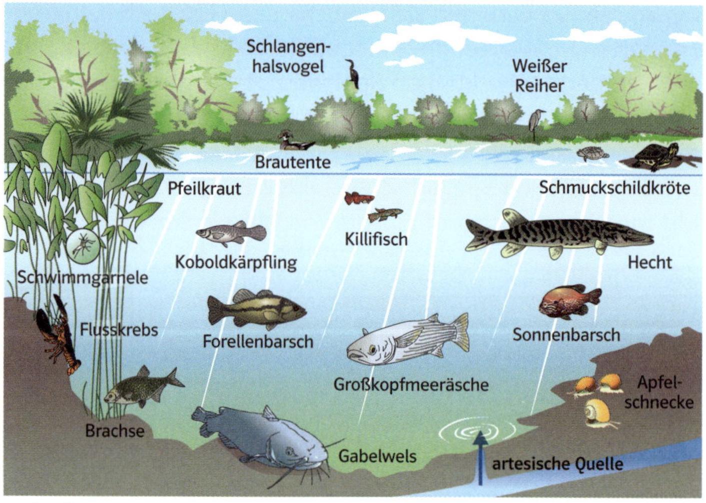

1 Quellsee Silver Springs mit Silver River

Der amerikanische Ökologe Howard T. Odum (1924 – 2002) untersuchte den Quellsee Silver Springs in den 1950er-Jahren als erstes natürliches Ökosystem. Er bestimmte den Energiehaushalt des Sees, indem er alle relevanten Komponenten ermittelte. Die primäre Biomasseproduktion (Biomasse: 809 g/m^2) lieferte hauptsächlich das Pfeilkraut mit den grünen Faden- und Kieselalgen sowie den Cyanobakterien als Aufwuchs. Die Herbivoren (Biomasse: 36,8 g/m^2) waren hauptsächlich Schnecken, Wirbellose, Schildkröten und Meeräschen [B1]. Als Endkonsumenten (Biomasse: 1,53 g/m^2), d. h. Carnivore fressende Carnivore, identifizierte er Hechte, Forellenbarsche, Schlangenhalsvögel und Weiße Reiher. Sie ernährten sich von den Konsumenten 2. Ordnung (Biomasse: 10,7 g/m^2), d. h. den Herbivore fressenden Carnivoren, die diverse Fischarten waren. Für die Destruenten, wie Bakterien und Flusskrebse, ermittelte er eine Biomasse von 5 g/m^2. Er maß den Sauerstoff- und Kohlenstoffdioxidgehalt in verschiedenen Bereichen des Seegebietes und bestimmte die Vermehrungsrate der dort vorkommenden Organismen. Daraus entwickelte er ein Schema für den Energiefluss in diesem Ökosystem [B2].

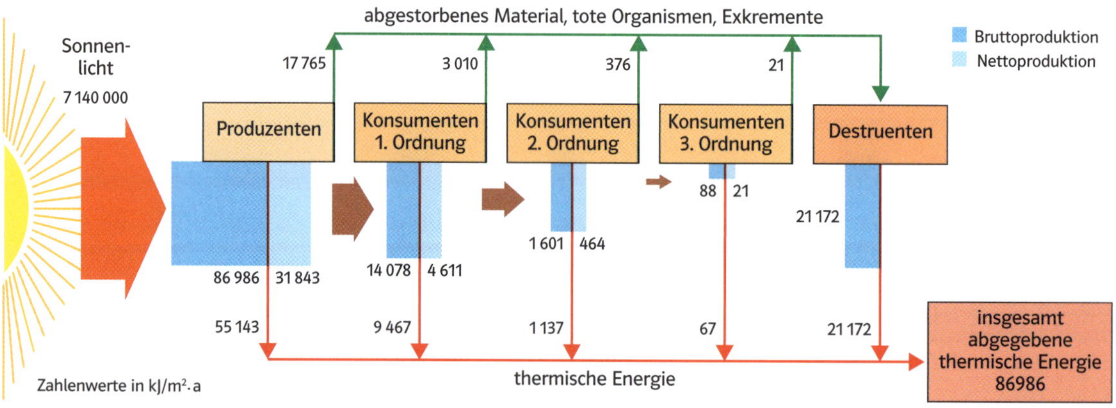

2 Vereinfachtes Schema für den Energiefluss im Quellsee Silver Springs

Aufgaben

10/100 ○ **1** Beschreiben Sie den Energiefluss im Quellsee Silver Springs mit angemessenen Fachbegriffen [B2].

50/100 ● **2** Werten Sie die Daten in [B2] hinsichtlich des Verbleibs der Energie aus.

40/100 ◒ **3** Skizzieren Sie für das Ökosystem Silver Springs eine passende ökologische Pyramide.

Medikamentenrückstände im Abwasser

Das von den Kommunen gesammelte Abwasser wird üblicherweise zu dreistufigen Kläranlagen geleitet [B1]. Dort wird es nach dem Prinzip der Selbstreinigung bei Fließgewässern gereinigt. Dadurch werden organische Nahrungsreste, aber auch die organischen Substanzen in Kosmetika, Waschmitteln usw. weitgehend abgebaut.

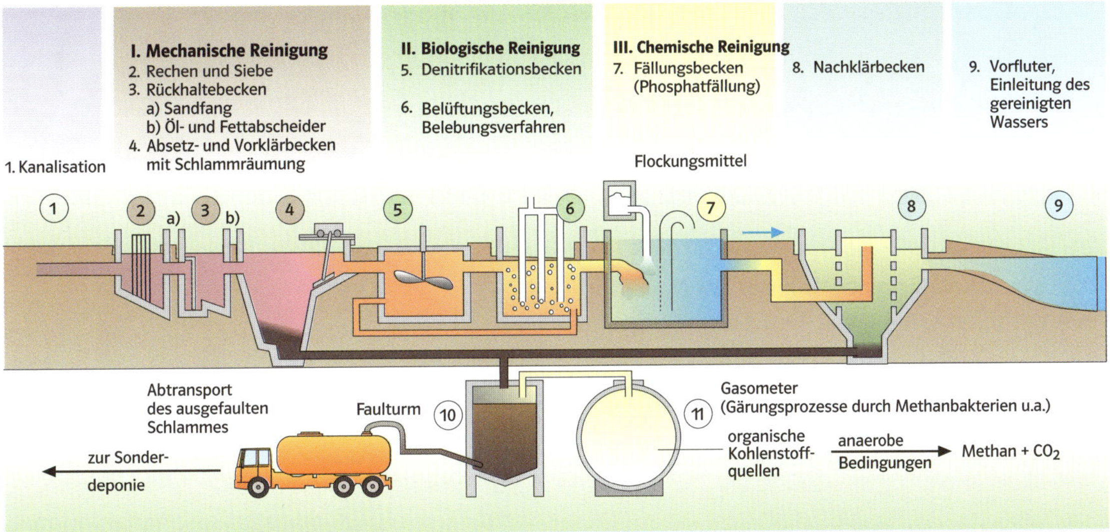

1 Aufbau einer kommunalen Kläranlage

Dagegen sind viele Arzneimittel chemisch so stabil, dass sie nicht bakteriell zersetzt werden können und in den Wasserkreislauf gelangen. Dazu gehören neben Antibiotika auch Beruhigungsmittel, der Wirkstoff der Anti-Baby-Pille und Schmerzmittel. Menschen scheiden diese Stoffe zum Teil wieder aus oder entsorgen sie fälschlicherweise in der Toilette. Medikamente in Cremes können auch von der Haut oder der Kleidung abgewaschen werden und so ins Abwasser gelangen. Die Stoffkonzentrationen derartiger Mikroverunreinigungen im Wasser sind zwar - soweit bekannt - für den Menschen unbedenklich, dennoch untersuchen Forschende deren langfristigen Auswirkungen auf verschiedene Fischarten und andere im Wasser lebende Tiere [B2–5].
Um die Belastung des gereinigten Wassers mit Mikroschadstoffen zu senken, werden Maßnahmen erforscht, Kläranlagen mit einer vierten Klärstufe aufzurüsten. Darin sollen bestimmte Substanzen mit innovativen Methoden aus dem Abwasser entfernt werden.

Beruhigungsmittel, die Oxacepam enthalten, sind weltweit im Handel. Für Untersuchungen wurden Fische (hier: Flussbarsche) in Aquarien diesem Wirkstoff in verschiedenen Konzentrationen für sieben Tage ausgesetzt und ihr Verhalten protokolliert [B2].

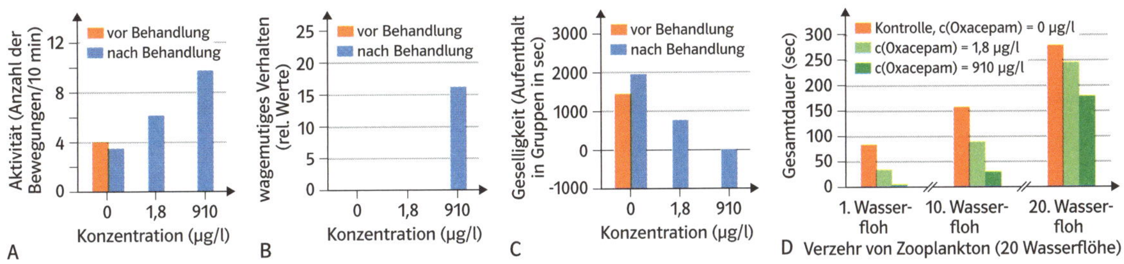

2 Wirkung von Oxacepam bei Flussbarschen

Ein Bestandteil der Anti-Baby-Pille ist das synthetische Ethinylestradiol (EE2), das zu den Östrogenen gehört. Forschende prüften die Wirkung dieses Wirkstoffs auf Fische (hier: Dickkopfelritzen), die seit dem Schlüpfen ständig in Aquarien mit bestimmten Stoffkonzentrationen an EE2 gehalten wurden [B 3].

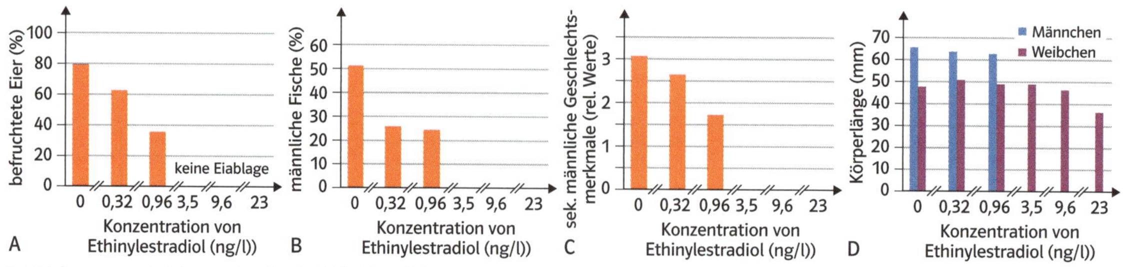

3 Wirkung von Ethinylestradiol bei Dickkopfelritzen

Auch wurde die Wirkung des Hormons Ethinylestradiol (EE2) auf die Entwicklung der Kaulquappen von Amphibien untersucht [B 4]. Dabei verglichen die Forschenden die ausgewachsenen Versuchstiere hinsichtlich ihres genetischen und phänotypischen Geschlechts. Sie stellten fest, dass manche genetisch männliche Frösche und Kröten z. B. Eierstöcke bildeten, die sich nicht von denen unbehandelter Weibchen unterschieden.

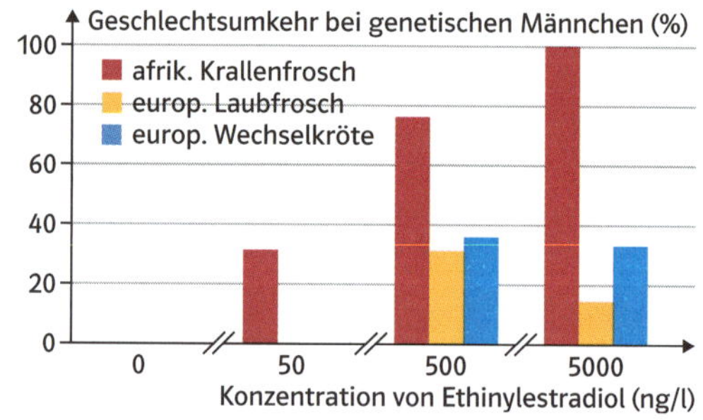

4 Wirkung von Ethinylestradiol auf die Entwicklung von Amphibien

Diclofenac ist in der Medizin ein häufig eingesetzter schmerzstillender und entzündungshemmender Wirkstoff. Die Schädigungen von Forellen durch bestimmte Stoffkonzentrationen dieses Medikaments wurden nach vier Wochen überprüft.

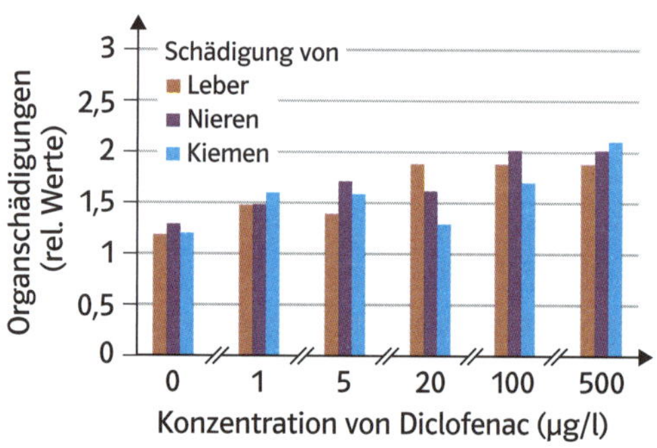

5 Wirkung von Diclofenac bei Regenbogenforellen

In Deutschland darf Diclofenac nur als Humanpräparat eingesetzt werden. Bei Kleintieren (z. B. Hunde und Katzen) kann die Einnahme zu schweren Nebenwirkungen führen. Besonders zeigen manche Vogelarten nach Aufnahme dieses Schmerzmittels starke Nieren- und Leberschäden und sterben z. T. an Nierenversagen aufgrund von Harnsäureablagerungen in den inneren Organen.

Aufgaben

30/100 ◒ **1** Beschreiben Sie die Funktionsweise einer dreistufigen Kläranlage.

30/100 ◒ **2** Analysieren Sie die Versuchsergebnisse, die in [B 2 – B 5] dargestellt sind, hinsichtlich der Auswirkungen der eingesetzten Stoffe auf die Wasserlebewesen.

20/100 ○ **3** Leiten Sie aus den Materialien zu den vorgestellten Wirkstoffen [B 2 – B 5] jeweils eine mögliche Folge der Gewässerbelastung für das Ökosystem ab.

20/100 ○ **4** Bewerten Sie die Maßnahme einer Aufrüstung der kommunalen Kläranlagen um eine vierte Stufe.

Wie kommt das Quecksilber in den Thunfisch?

Quecksilber und seine Verbindungen sind giftig. Quecksilber kann elementar vorliegen (Hg^0), in oxidierter und gelöster Form (Hg^{2+}) oder in organischer Verbindung als Methylquecksilber (MeHg) [B 1]. In Meereslebewesen, auch in Thunfischen, ist Methylquecksilber nachzuweisen. Es ist im Organismus nicht abbaubar. Der Mensch nimmt bei ausgewogener Ernährung eine meist tolerierbare Menge auf. Die meisten Thunfische werden im Pazifik, Atlantik und Indischen Ozean gefangen: Gelbflossen-Thun (*Thunnus albacares*; Tauchtiefe bis 200 m), Weißer Thun (*Thunnus alalunga*; Tauchtiefe bis 350 m), Großaugen-Thun (*Thunnus obesus*; Tauchtiefe bis 500 m) [B 2]. Je nach Art werden sie 1 bis 4 m groß, 20 bis 600 kg schwer und 10 bis 30 Jahre alt. Thunfische sind Raubfische. Sie ernähren sich von Kalmaren, Krebstieren und kleineren Fischen wie Makrelen, Heringen [B 3].

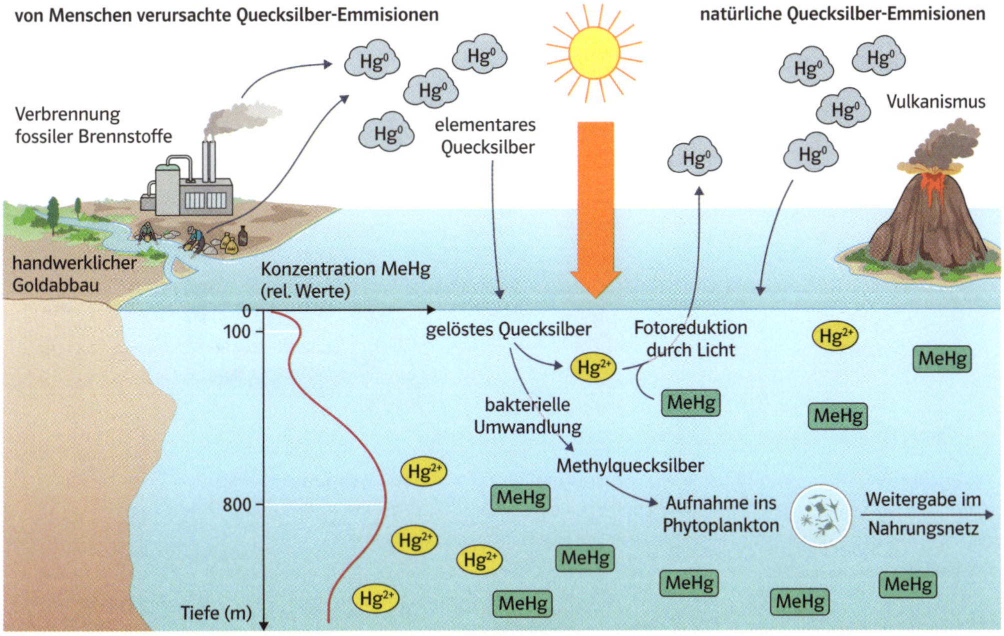

1 Quecksilbereintrag ins Meer und Aufnahme ins Nahrungsnetz

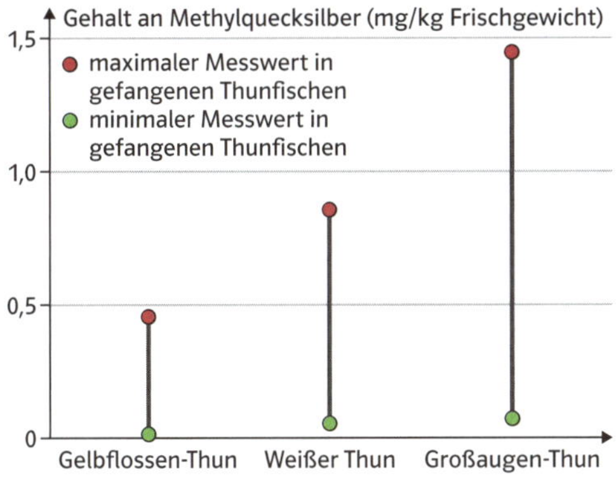

2 Spannweite der Quecksilbergehalte in Thunfischfängen

Meerestiere	MeHg (ppm)
Garnele (Planktonfresser)	0,009
Sardine (Planktonfresser)	0,013
Kalmar (Fischfresser)	0,023
Makrele (Plankton-, Fischfresser)	0,050
Hering (Plankton-, Fischfresser)	0,084
Weißer Thun (Fischfresser)	0,350
Gelbflossen-Thun (Fischfresser)	0,354
Großaugen-Thun (Fischfresser)	0,639
Hai (Fischfresser)	0,979
Schwertfisch (Fischfresser)	0,995

3 Durchschnittlicher Quecksilbergehalt in Meerestieren

Aufgaben

30/100 **1** Beschreiben Sie, wie Quecksilber in das Meer und das Nahrungsnetz gelangt [B 1].

40/100 **2** Erklären die unterschiedlichen Quecksilbergehalte bei verschiedenen Thunfischfängen [B 1, B 2].

30/100 **3** Skizzieren Sie eine Nahrungskette, in der ein Thunfisch enthalten ist, und erläutern Sie in diesem Zusammenhang die in [B 3] aufgeführten Quecksilberwerte.

Kreislauf und Fluss

Pflanzen nehmen Kohlenstoffdioxid und Wasser auf und produzieren bei der Fotosynthese energetisch nutzbare Glucose. Diese benötigen die Pflanzen für die Zellatmung und zum Aufbau der Biomasse. Alle Tiere, sowohl die Pflanzen- als auch die Fleischfresser, profitieren von diesem Vorgang.

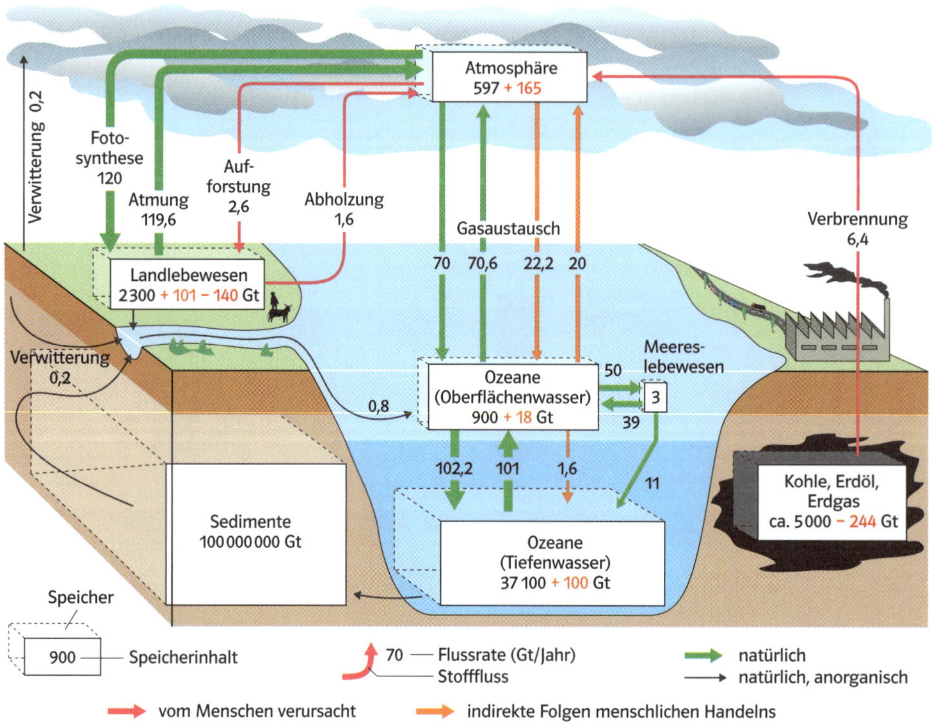

1 Globaler Kohlenstoffkreislauf

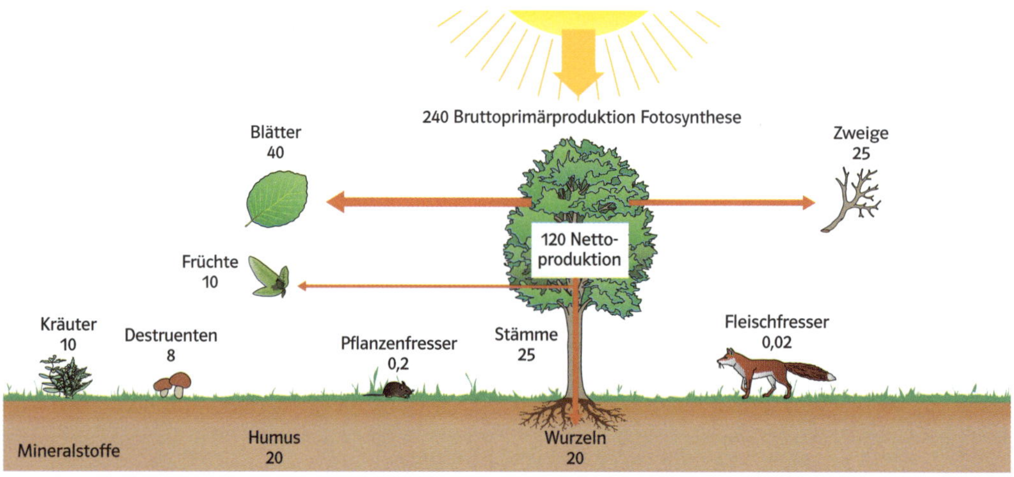

2 Nettoproduktion an Biomasse in einem Eichen-Hainbuchenwald (dt/ha Jahr)

Aufgaben

20/100 ○ **1** Ermitteln Sie den Bereich in [B1], der in [B2] dargestellt ist und markieren Sie ihn, indem Sie die Speicher und Pfeile in [B1] umkreisen.

30/100 ◒ **2** Erklären Sie, dass der Stoffkreislauf tatsächlich ein Kreislauf ist, der Energiefluss aber nicht.

50/100 ● **3** Zeichnen Sie einen möglichen lokalen Kohlenstoffkreislauf in [B3] ein.

Die Bedeutung der Miesmuschel im Watt

Das Schlickwatt ist ein Meeresökosystem in der Gezeitenzone der Nordsee. Es fällt bei Ebbe trocken. Dort lebt die Miesmuschel (*Mytilus edulis*) als einzige heimische Muschelart oberhalb der Bodenschicht. Sie heftet sich mit Byssusfäden an harte Gegenstände an. Sie saugt Wasser mit Plankton und anderen Teilchen, z. B. phosphorhaltigen Schwebstoffen, in ihren Körper hinein. Das Plankton wird verdaut. Mineralische Schwebstoffe sind unverdaubar. Sie werden als Scheinkot ausgeschieden [B 1], der dann absinkt. Dadurch werden die Schwebeteilchen nicht wieder mit den Gezeiten ins offene Meer hinausgetragen. Eine Miesmuschel filtriert bei 12 °C 1,3 bis 2 Liter Wasser pro Stunde. Die Muscheln setzen 37 % der phosphorhaltigen Schwebstoffe im Watt um.

Die Miesmuschel hat eine wichtige Recycling-Funktion im Watt [B 3]. Phosphor gehört neben Stickstoff zu den wichtigsten Elementen in Mineralstoffen für Pflanzen und kommt in ihnen nur in Form von Phosphaten vor. Da die natürlichen Phosphatressourcen begrenzt sind, ist kontinuierliches Wachstum von Lebewesen nur möglich, weil in den Ökosystemen immer wieder von Destruenten und bestimmten Bakterien Phosphat aus toter Biomasse freigesetzt wird [B 2]. Die genannten Bakterien können organische Phosphatverbindungen abbauen und Phosphat-Ionen bilden. Danach kann der Phosphor wieder zum Aufbau organischer Substanzen, z. B. Nucleinsäuren, Phospholipiden oder ATP, genutzt werden.

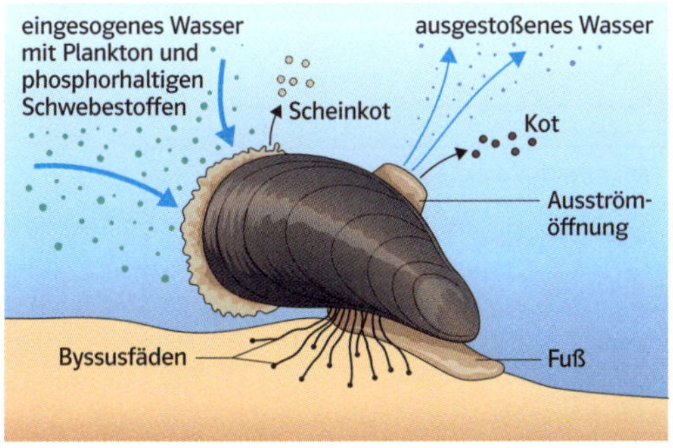

1 Miesmuschel im Watt

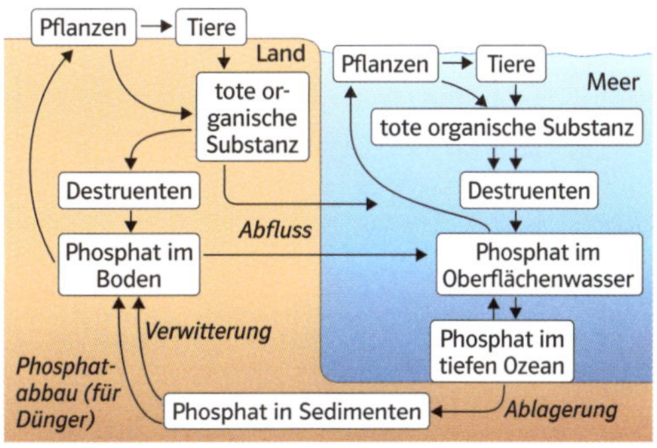

2 Phosphorkreislauf an Land und im Meer

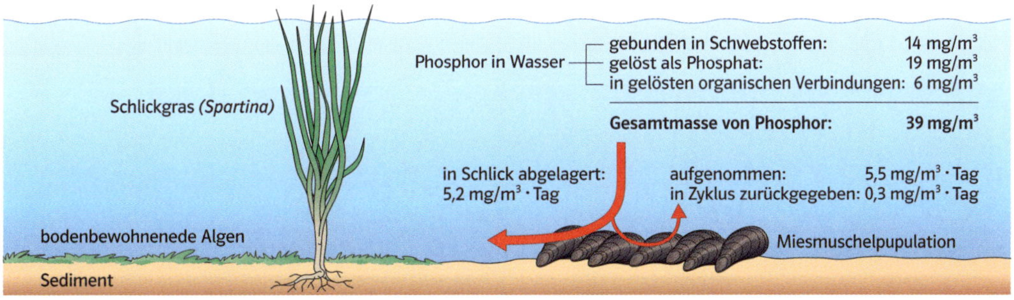

Umsatzrate des in Schwebstoffen enthaltenen Phosphors durch die Miesmuscheln

$X(\text{Phosphor}) = \frac{\text{Fluß (P) durch Miesmuscheln}}{\text{Masse (P-Schwebstoffe) in Umwelt}}$ $\quad X(\text{Phosphor}) = \frac{5{,}2\ \text{mg/m}^3 \cdot \text{Tag}}{14\ \text{mg/m}^3} = 0{,}37/\text{Tag} \mathrel{\hat{=}} 37\ \%/\text{Tag}$

3 Stoffstrom des Phosphors durch Miesmuscheln in einem Schlickwatt

Aufgaben

15/100 ○ **1** Beschreiben Sie die Phosphorkreisläufe an Land und im Meer im Vergleich [B 2].

60/100 ● **2** Leiten Sie aus [B 2] Unterschiede zu einem anderen, Ihnen bekannten Stoffkreislauf ab.

25/100 ◒ **3** Erläutern Sie die Bedeutung der Miesmuschel für die Schlickbildung und den Phosphorkreislauf im Meer [B 1 und B 3].

Die Stickstoff-Fixierung beim Algenfarn Azolla

Der Algenfarn *Azolla pinnata* ist eine kleine Farnpflanze, die auf der Wasseroberfläche stehender Gewässer schwimmt, sich dort reichlich vermehrt und eine dichte Schwimmpflanzendecke bildet [B 1]. *Azolla* wird seit Jahrhunderten in China und Vietnam im Reisanbau als Gründünger eingesetzt. Dafür werden diese Matten aus Farnpflanzen zerkleinert oder kompostiert und in den Boden eingearbeitet, wenn die Reispflanzen eingesetzt und das Feld geflutet wird. Eine Alternative ist, *Azolla* gleichzeitig mit dem Reis in einem Mischanbau auf den gefluteten Anbauflächen unterhalb der hoch aufragenden Reispflanzen wachsen zu lassen. Bei einem Temperaturoptimum von 30 °C und einer optimalen Lichteinstrahlung kann *Azolla* seine Biomasse innerhalb von 2 $^1/_2$ Tagen verdoppeln. Die Bedeutung von *Azolla* als Stickstoff-Lieferant liegt in seiner dauerhaften Symbiose mit dem Cyanobakterium *Anabaena azollae* [B 2]. Dieses Cyanobakterium kann Luftstickstoff fixieren.

1 Azolla auf Wasseroberfläche

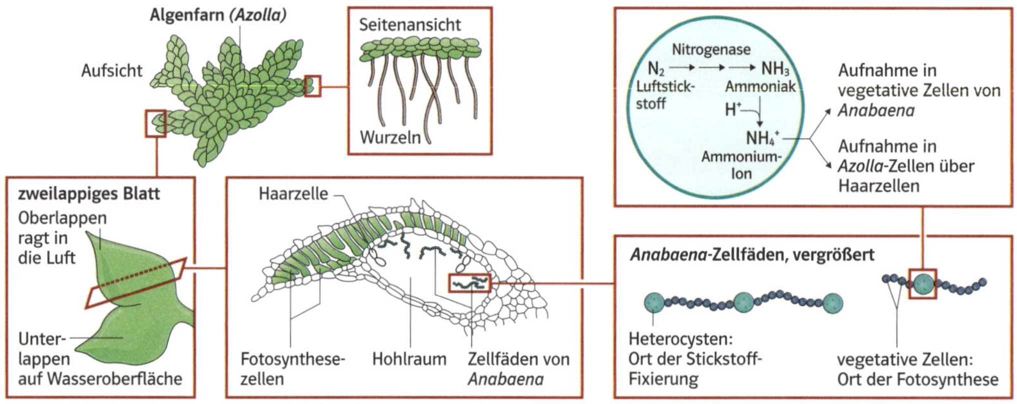

2 *Azolla* mit *Anabaena* als Stickstoff-Fixierer

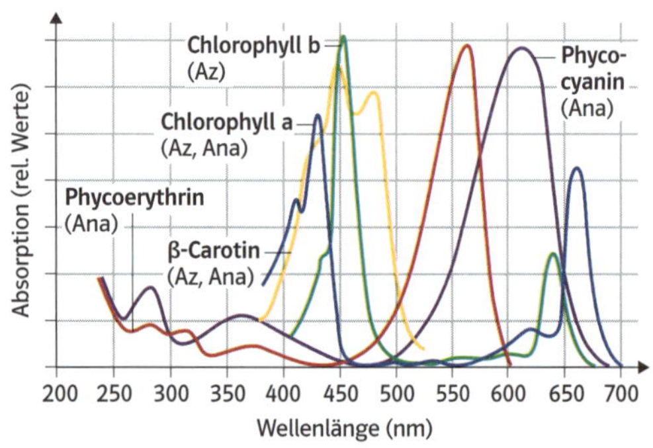

3 Blattfarbstoffe von Azolla (Az) und Anabaena (Ana)

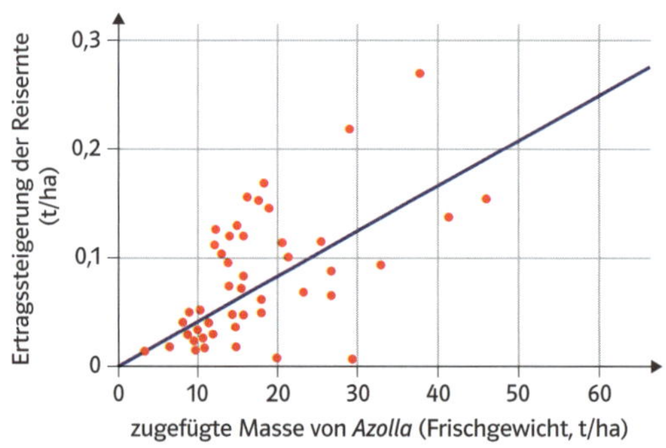

4 Einfluss von Azolla auf die Reisernte

Aufgaben

15/100 ○ **1** Beschreiben Sie den morphologischen Aufbau der Symbiose aus Azolla und Anabaena sowie die Wechselwirkungen hinsichtlich der Stickstoff-Fixierung [B 2].

25/100 ◒ **2** Erklären Sie die Bedeutung der verschiedenen Blattfarbstoffe bei Azolla und Anabaena [B 3].

60/100 ● **3** Erläutern Sie die biologischen Grundlagen für die erfolgreiche Gründüngung mit Azolla [B 4].

Waldböden senken die Methankonzentration

Neben Kohlenstoffdioxid (CO_2) trägt Methan (CH_4) als Treibhausgas zur Klimaerwärmung bei. Methan ist ein 30-mal stärkeres Treibhausgas als Kohlenstoffdioxid. Die Bildung von Methan kann durch den Menschen verursacht sein. So entsteht es bei der Haltung von Wiederkäuern, aber auch auf Reisfeldern, Mülldeponien oder bei der Erdgasgewinnung. Natürlicherweise wird das Methan in Sümpfen und Mooren durch den anaeroben Abbau von organischem Material gebildet. In der Tiefsee wird es aus Methanreservoiren frei [B 1]. Methan wird in der Atmosphäre allmählich zu Kohlenstoffdioxid oxidiert.

1 Gefrorene Methangasblasen

Ein Großteil des Methans wird im Boden der Tiefsee von symbiontischen Lebensgemeinschaften aus anaeroben methanotrophen (sich von Methan ernährenden) Archaeen und Sulfid verwertenden Bakterien zu Kohlenstoffdioxid bzw. zu Hydrogencarbonat oxidiert. An Land sorgen aerobe, methanotrophe Bakterien in gut durchlüfteten Böden dafür, dass der Anteil von atmosphärischem Methan sinkt [B 2]. Sie nutzen Methan als Kohlenstoff- und Energiequelle und können Methan enzymatisch zu Kohlenstoffdioxid umsetzen:

$$CH_4 + 2\,O_2 \rightarrow CO_2 + 2\,H_2O$$

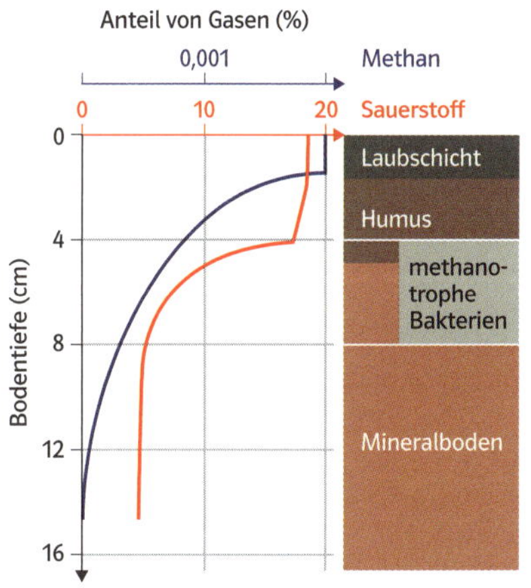

2 Methanotrophe in einem Waldboden

Dieser Stoffwechsel der Methanotrophen ist abhängig von abiotischen Faktoren, z.B. vom Sauerstoff- und Wassergehalt sowie dem pH-Wert im Boden. Biotische Faktoren spielen auch eine Rolle. Fichten bilden ätherische Öle, die giftig sind für die Methanotrophen. Die Inhaltsstoffe hemmen das Bakterienwachstum. Dadurch ist die Methanaufnahme aus der Atmosphäre in Fichtenwäldern im Vergleich zu Laub- oder Mischwäldern deutlich reduziert.

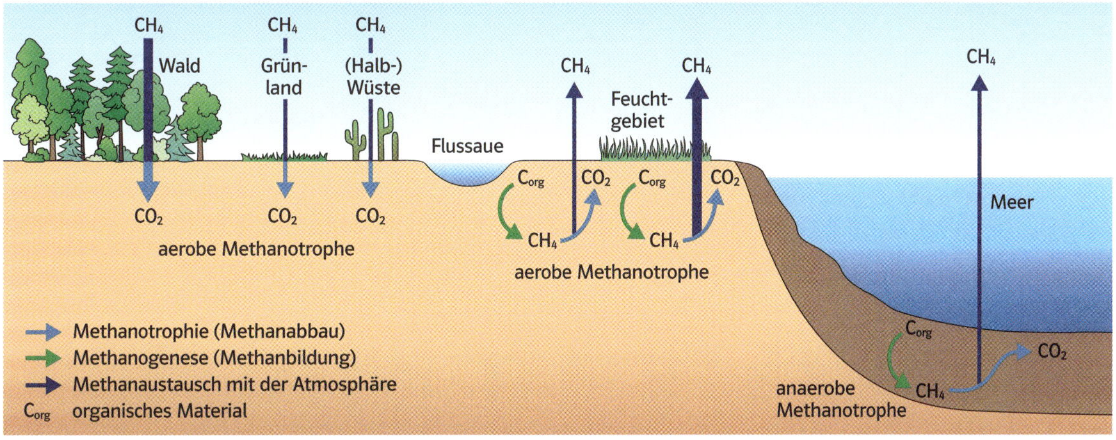

3 Rolle der Methanotrophen im Methanabbau

Aufgaben

15/100 ○ **1** Beschreiben Sie den Methanabbau im Waldboden [B 2].

60/100 ● **2** Erläutern Sie die Rolle der Methanotrophen für die Methankonzentration in der Atmosphäre [B 3].

25/100 ◒ **3** Skizzieren Sie einen Kohlenstoffkreislauf unter Berücksichtigung von Methan.

Landwirtschaft und nachwachsende Rohstoffe

Auf Äckern werden seit Jahrtausenden Pflanzen angebaut, die der Ernährung der Menschen oder der Nutztiere dienen. Zunehmend werden allerdings auch Pflanzen angebaut, die nicht der Nahrungsmittelproduktion dienen, sondern als Rohstoffe, beispielsweise für die Energiegewinnung. Aus ihnen wird zum Beispiel Kraftstoff für Autos und Busse hergestellt. Damit sind sie eine Alternative zu fossilen Brennstoffen. Fossile Brennstoffe entstanden unter Druck und über viele Millionen Jahre aus den Abbauprodukten von abgestorbenen Tieren und Pflanzen. Ihre Menge auf der Erde ist begrenzt. Dem stehen aber die wachsende Bevölkerungszahl der Menschen und der gestiegene Energieverbrauch jedes Individuums gegenüber.

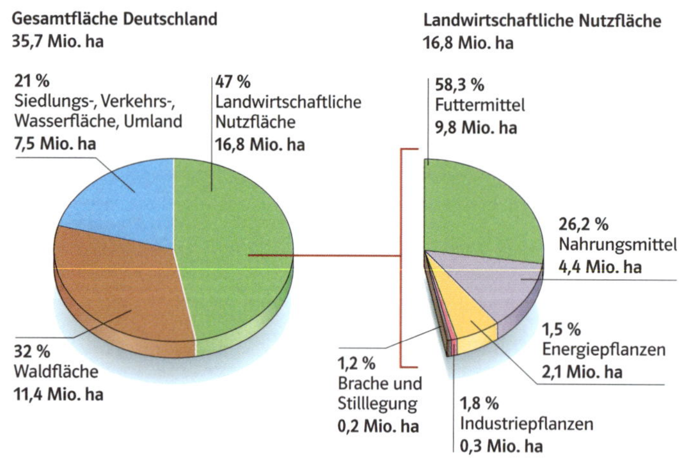

1 Flächennutzung in Deutschland (2014)

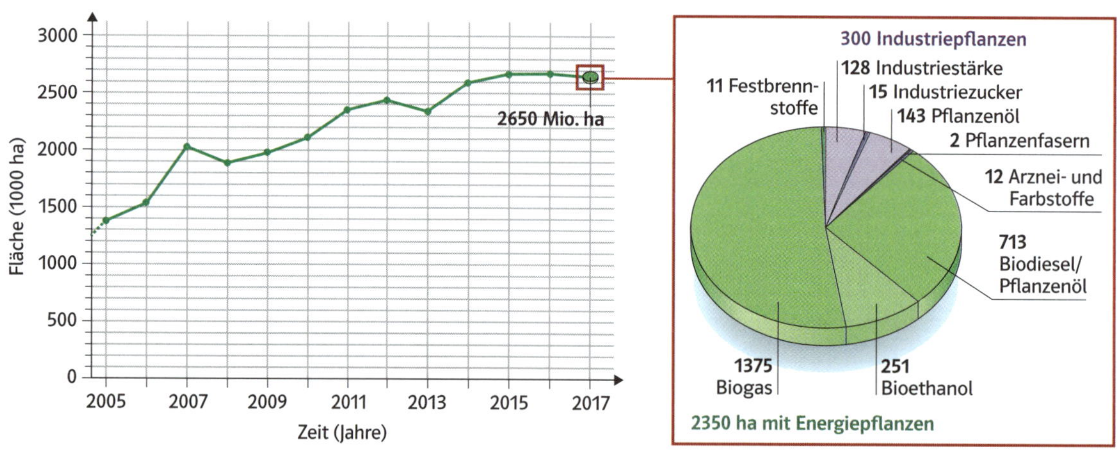

2 Anbau nachwachsender Rohstoffe in Deutschland

Aufgaben

10/100 ○ **1** Errechnen Sie den prozentualen Anteil der Gesamtfläche von Deutschland, der für an Anbau von Energiepflanzen verwendet wird [B 1].

20/100 ◒ **2** Nennen Sie Aktivitäten, für die Sie mehr Energie benötigen als Menschen vor 200 Jahren.

20/100 ◒ **3** Beschreiben Sie die Veränderung der Anbaufläche von nachwachsenden Rohstoffen seit 2005 [B 2].

50/100 ● **4** Beurteilen Sie folgende Aussage: „Solange Menschen auf dieser Welt verhungern, sollten alle Ackerflächen für den Anbau von Nahrungsmitteln genutzt werden."

Korallenriff in Gefahr

Das Great Barrier Reef vor der Küste Australiens ist das größte Korallenriff der Erde. Es erstreckt sich mit mehr als 2900 Einzelriffen über eine Fläche von 347 800 km2 (Bundesrepublik Deutschland 357 385 km^2). Es ist die größte von Lebewesen geschaffene Struktur auf der Erde. Die Polypen der 359 dort vorkommenden Steinkorallenarten lagern riesige Mengen Kalk ab (alle Korallenriffe weltweit ca. 640 Mio. Tonnen jährlich). Das daraus entstehende Gerüst der Riffe bildet den Lebensraum für eine Vielzahl von Algen-, Pflanzen- und Tierarten, die sich teilweise von den Korallenpolypen ernähren.

Tropische Korallenriffe wie das Great Barrier Reef sind ein sehr komplexes und empfindliches Ökosystem. Natürliche Ereignisse und von Menschen verursachte Veränderungen der abiotischen oder biotischen Lebensbedingungen stören die Entwicklung der Steinkorallen und das Zusammenleben mit den symbiontischen, Fotosynthese betreibenden Algen (*Zooxanthellen*). Das Abstoßen der Algen kann kurzfristig zum Schutz der Polypen erfolgen, langfristig führt eine solche Algenblüte aber zum Absterben der Korallen bildenden Polypen und damit zu einem dauerhaften Schaden für das Korallenriff.

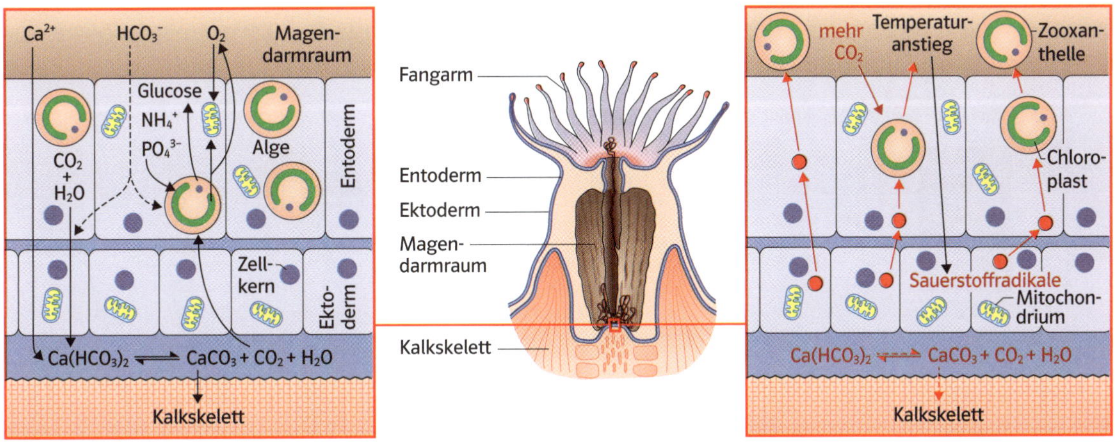

1 Natürliche und durch Störungen hervorgerufene Wechselwirkungen zwischen Korallenpolyp und Zooxanthellen

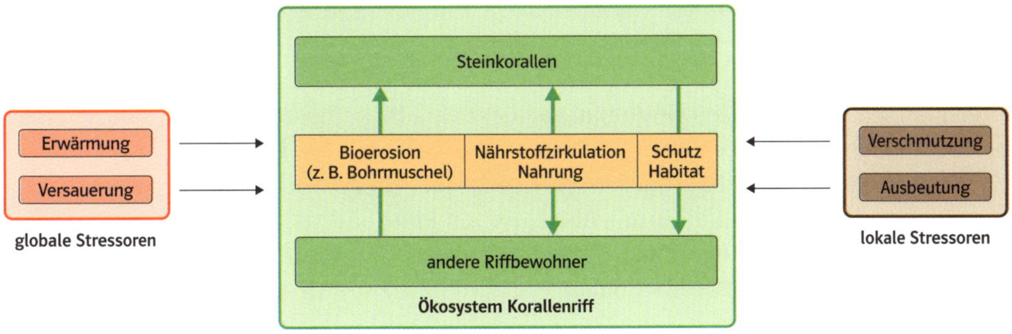

2 Wirkung von Stressoren auf das Ökosystem Korallenriff

Aufgaben

15/100 ○ **1** Beschreiben Sie die Form des Zusammenlebens zwischen Korallenpolyp und Zooxanthellen unter Verwendung von [B1] (links und Mitte).

50/100 ● **2** Erläutern Sie mögliche negative Einflüsse des Menschen auf die natürliche Entwicklung von Korallenriffen [B1 rechts und B2].

35/100 ◒ **3** Erklären Sie, dass intakte Korallenriffe einen Beitrag zur Verringerung des Treibhauseffekts leisten.

Auswirkungen des Cannabis-Anbaus auf unsere Umwelt

1 *Cannabis*-Pflanze

Bei der Diskussion über die ökologischen Folgen des menschlichen Handelns beschäftigen sich Forschende auch mit den Auswirkungen des Cannabis-Anbaus. Der Anbau der Pflanzen in Gewächshäusern (Indoor) ist kostspielig und energieaufwendig. Um dies zu verdeutlichen wird der Kohlenstoffdioxid-Fußabdruck (CO_2-Fußabdruck) ermittelt und die Klimaerwärmung thematisiert. Es handelt sich um die Berechnung, wie viel Treibhausgase während des Lebenszyklus eines Produkts gebildet werden. Das betrifft z. B. die Gewinnung der Rohstoffe, Verarbeitung, Lagerung des Produkts, Transport, Nutzung und Entsorgung. Die berechneten Werte werden als CO_2-Äquivalente (CO_2e) bezeichnet, weil sie die Effekte von anderen Treibhausgasen, z. B. Methan, einschließen. Auch die Stromerzeugung spielt dabei eine große Rolle.

Für die USA wurde 2011 der CO_2-Fußabdruck für einen durchschnittlichen bzw. einen verbesserten Indoor-Anbau von Cannabis-Pflanzen hochgerechnet [B 2]. Dieser wurde 2021 mit einem Mittelwert für mehrere Standorte von 3.658 kg CO_2e / kg bestätigt.

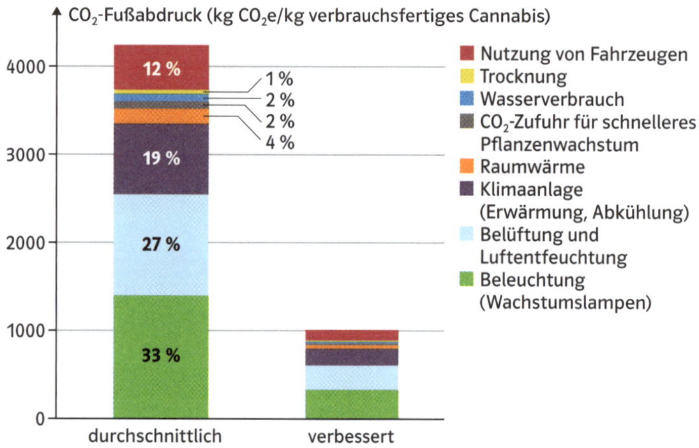

2 CO_2-Fußabdrücke für den Indoor-Anbau von *Cannabis*-Pflanzen

Weitere Berechnungen ergaben, dass ein Anbau von Cannabis-Pflanzen auf Feldern etwa 3 % der CO_2-Abgabe des Anbaus in Gebäuden beträgt. Allerdings kann es bei der Ausführung zu weitreichenden Umweltschäden kommen, die auch die Wasserqualität beeinträchtigen: Abholzung von Wäldern, Zerstörung von Feuchtgebieten, das Abtragen von Erde, Einsatz von Pflanzenschutzmitteln, Insekten- und Nagergiften, Sterben der Beutegreifer durch vergiftete Beute, unkontrollierte Entsorgung fester Abfälle, unerlaubte Aufstauung und Entnahme von Oberflächenwasser.

Aufgaben

20/100 ○ **1** Definieren Sie den Begriff „Ökologischer Fußabdruck" und grenzen Sie ihn von dem Kohlenstoffdioxid-Fußabdruck ab.

30/100 ◒ **2** Vergleichen Sie die CO_2-Fußabdrücke vom durchschnittlichen und verbesserten Indoor-Anbau von Cannabis-Pflanzen und begründen Sie die Unterschiede [B 2].

20/100 ○ **3** Erklären Sie, warum der Outdoor-Anbau von Cannabis-Pflanzen einen geringeren CO_2-Fußabdruck hat [B 2].

30/100 ◒ **4** Begründen Sie, ob der Indoor- oder der Outdoor-Cannabis-Anbau bevorzugt werden sollte.

Dünger auf dem Acker

Einem Acker werden durch Anbau und Ernte von Feldfrüchten Mineralstoffe entzogen. Diese müssen durch Düngung wieder ersetzt werden, um langfristig eine ausreichende Ernte zu erhalten.

Die Düngung kann mit mineralischem Dünger erfolgen. Die darin enthaltenen Mineralstoffe sind bereits in der passenden Zusammensetzung für die Pflanzen direkt verfügbar und können sofort aufgenommen werden.

Es kann auch eine Düngung mit organischem Dünger, z.B. Stallmist oder Dung, erfolgen. Eine solche Form der Düngung fördert Wachstum und Vermehrung von Mikroorganismen im Boden und hat durch die gleichmäßige Stoffabgabe beim Abbau des organischen Materials eine Langzeitwirkung. Außerdem wird der Aufbau von Humus und von Wasser bindenden Bodenteilchen unterstützt. Beides trägt zur Fruchtbarkeit des Bodens bei.

Zur Ermittlung von Faktoren, die zu einer möglichen Erhöhung der Bodenfruchtbarkeit beitragen können, wurde eine Langzeituntersuchung während einer Vegetationsperiode durchgeführt. Dazu wurden die Messwerte bei einem Acker mit Stallmistdüngung und einem Acker ohne jegliche Düngung erhoben [B 2, 3 und 4]. Bei beiden Äckern handelte es sich um unbestellte, brachliegende Felder, sodass die Aufnahme von Mineralstoffen durch wachsende Pflanzen weitgehend vermieden wurde.

1 Frischer Stallmist

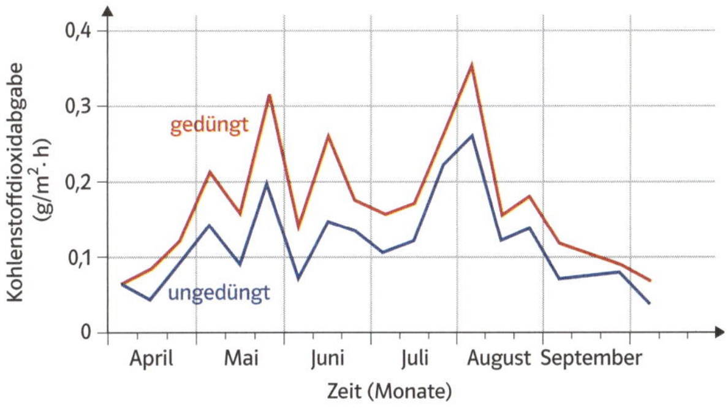

2 Kohlenstoffdioxid-Abgabe bei unbestellten Ackerböden

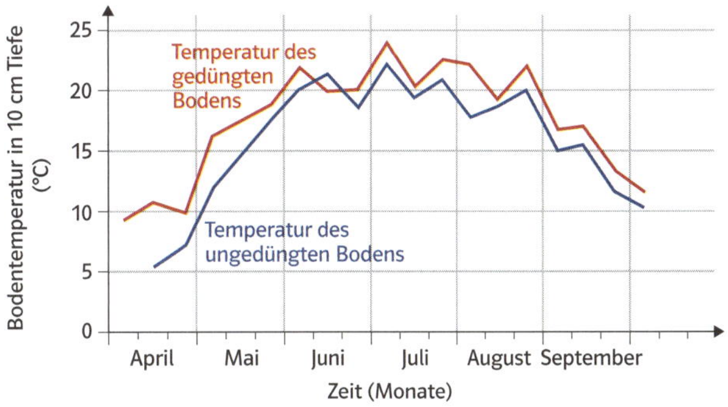

3 Bodentemperaturen in unbestellten Ackerböden

Aufgaben

10/100 ○ **1** Beschreiben Sie die Grafik in [B 2].

30/100 ◒ **2** Erläutern Sie die Messergebnisse in [B 2–4] im Zusammenhang.

60/100 ● **3** Stellen Sie eine Hypothese zu den Folgen auf, die der Einsatz eines mineralischen Düngers in einem unbestellten Ackerboden haben könnte.

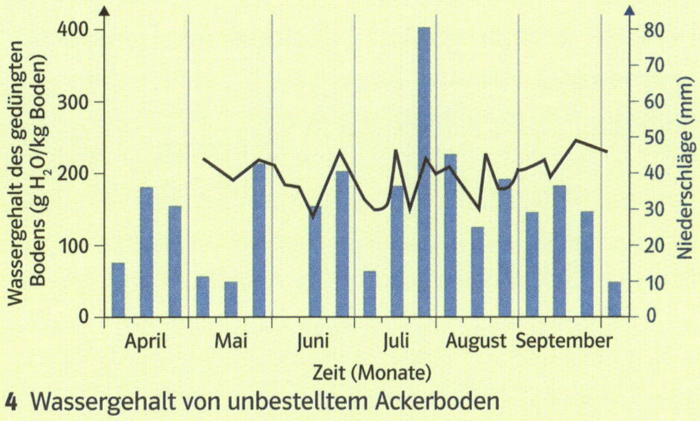

4 Wassergehalt von unbestelltem Ackerboden

Patient Goldensee – Sanierungs- und Restaurierungsmaßnahmen

Der Goldensee ist ein 94 ha großer, maximal 8,80 m tiefer See im Grenzgebiet zwischen Schleswig-Holstein und Mecklenburg-Vorpommern. Der See wird unter anderem durch einen nördlichen Zufluss gespeist, sowie durch den Woitendorfer Bach im Osten. Sein Wasser fließt über den Goldenseebach in den südlich gelegenen Dutzower See, einem Teil des Schaalsees, ab. Der Goldensee ist seit 1990 ein Naturschutzgebiet und seit 2000 ein Teil des UNESCO-Biosphärenreservats Schaalsee. Forschende sind bestrebt, die naturnahe Seenlandschaft zu erhalten.

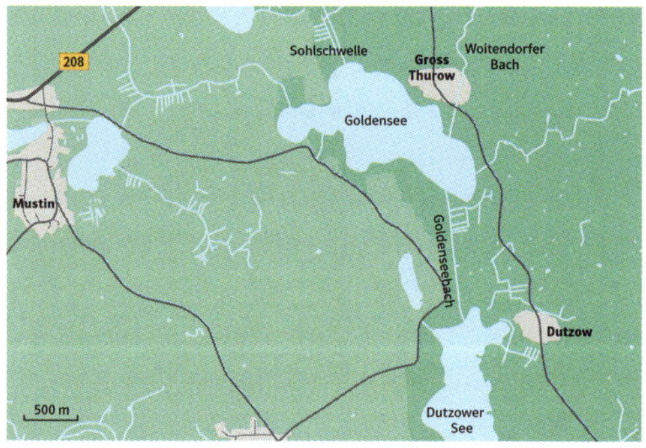

1 Gebiet um den Goldensee

Der Goldensee war zu Beginn der Aufzeichnungen 1995 im Durchschnitt polytroph (p1) [B 3]. Er zeigte ein hohes Algen- und Pflanzenwachstum, das durch einen jahrelang erhöhten Mineralstoffeintrag in den See bedingt war.

Von den Mineralstoffen sind besonders die Phosphat-Ionen ausschlaggebend für das Pflanzenwachstum. Je höher die Konzentration von gelösten Phosphat-Ionen (PO_4^{3-}-Ionen) im Wasser ist, desto mehr pflanzliche Biomasse wird von den Produzenten gebildet. Die abgestorbene Biomasse wird in der Oberflächen- und Tiefenschicht des Sees abgebaut und aus den entstandenen organischen Stoffen werden die Phosphat-Ionen wieder freigesetzt. Ist im Tiefenbereich des Sees Sauerstoff vorhanden, bilden die Phosphat-Ionen mit dort befindlichen Fe^{3+}-Ionen schwer lösliches Eisen(III)-phosphat ($FePO_4$), das im Sediment fixiert bleibt. Ist im Tiefenbereich allerdings kein Sauerstoff vorhanden, werden die Eisen-Ionen aus dem noch vorhandenen Eisen(III)-phosphat zu Fe^{2+}-Ionen reduziert. Dadurch sind die verbliebenen PO_4^{3-}-Ionen wasserlöslich und stehen den pflanzlichen Organismen zusätzlich zum Aufbau von weiterer Biomasse zur Verfügung [B 2]. In diesem Fall ist der See eutroph.

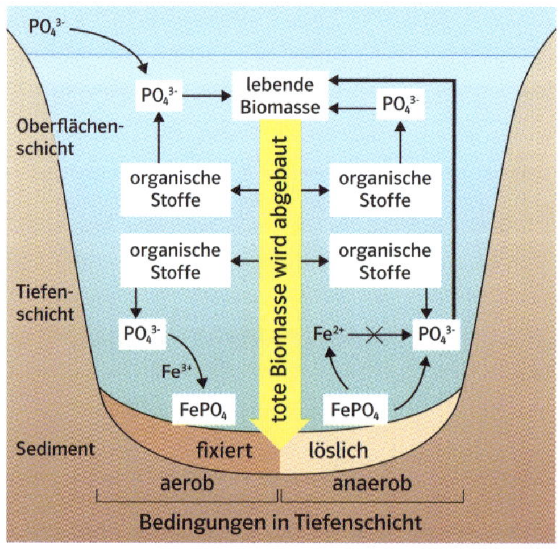

2 Phosphatkreislauf im See

Als Ursachen für die starke Eutrophierung des Goldensees wurden hauptsächlich die landwirtschaftliche Flächennutzung um den See herum und die kommunale Abwasserableitung des Ortes Mustin angenommen. Der Goldensee wies in den 2000er Jahren weiterhin hohe Phosphat-Konzentrationen auf. Sein Trophiezustand war im Durchschnitt eutroph (e2) [B 3]. Das führte zu einer hohen Algenmasse, die durch den großen Gehalt des Fotosynthesepigments Chlorophyll a und indirekt durch die geringe Sichttiefe bestätigt wurde.

Konzentration von Gesamtphosphat (µg/l)	Trophiegrad
bis 15	oligotroph o
> 15 - 45	mesotroph m
> 45 - 85	eutroph e1
> 85 - 150	eutroph e2
> 150 - 230	polytroph p1
> 230	polytroph p2

3 Trophiegrad im See

Es wurden sukzessive sowohl Sanierungsmaßnahmen zur Reduzierung der Belastung im Einzugsgebiet des Sees als auch Restaurierungsmaßnahmen zur Verbesserung der ökologischen Verhältnisse im See selbst durchgeführt [B 3].

- Nach der Wende in der ehemaligen DDR und der damit verbundenen Umstrukturierung der Landwirtschaft sowie der Ausweisung des Gebietes als Naturschutzgebiet wurde die Ackerfläche reduziert und in Grünland umgewandelt. Rinder weiden ganzjährig in den Gebieten. Durch diese extensive Nutzung der Gebiete entsteht eine halboffene Weidelandschaft mit hoher Artenvielfalt.
- Im nördlichen Zufluss in den Goldensee wurde eine Sohlschwelle errichtet. Das ist eine quer zur Strömungsrichtung verlaufende flache Absperrung, die Wasser aufstaut. Dadurch wird das Gebiet vernässt und das Pflanzenwachstum gefördert.
- Die Kläranlage Mustin erhielt die chemische Reinigungsstufe. Im belüfteten Klärbecken werden Phosphat-Ionen durch das zugefügte Fällungsmittel Eisen(III)-chlorid aus dem Abwasser entfernt.
- Auf die Seeoberfläche wurde das unschädliche Fällungsmittel Polyaluminiumchlorid aufgebracht, das zum Seeboden absinkt und Phosphat-Ionen dauerhaft bindet.
- Der Woitendorfer Bach, der kurz vor seiner Mündung in den Goldensee unterirdisch in einem Rohr floss, wurde renaturiert. Dafür wurde er in sein altes mäandrierendes Bachbett verlegt. Durch den um 300 m verlängerten Bachlauf wird Wasser im Niederungsbereich zurückgehalten. Nun können Schilf- und Wasserpflanzen im Bachbett die Phosphat-Ionen aus dem Wasser aufnehmen. Zusätzlich wurde ein unterirdischer Zugang, der sogenannte Ottersteg, eingebaut, durch den Fischotter, aber auch Fische, ungefährdet in den See gelangen können.

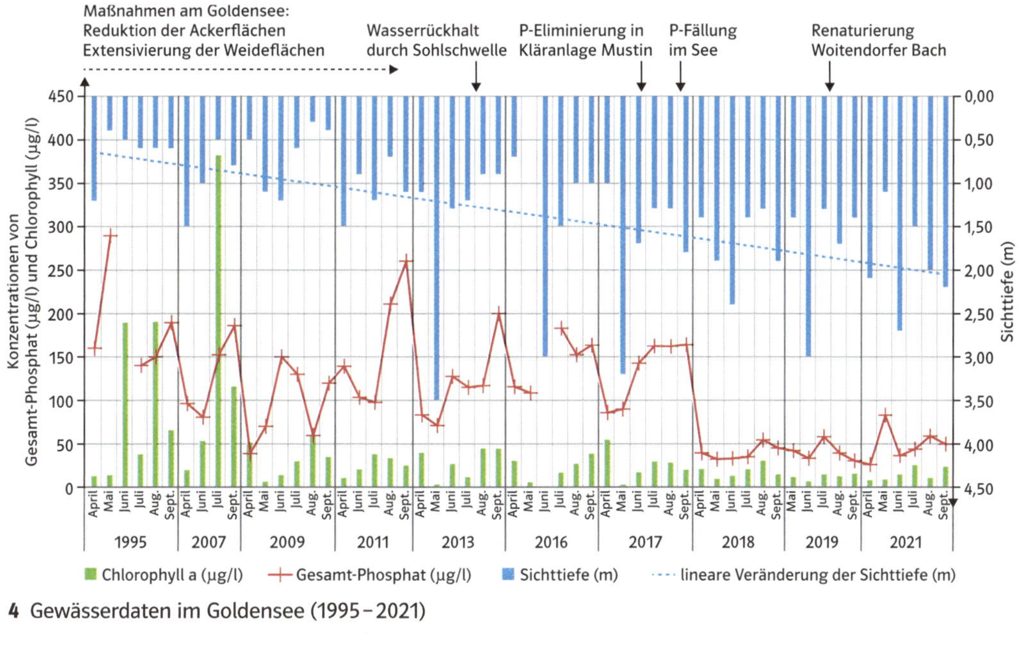

4 Gewässerdaten im Goldensee (1995 – 2021)

Aufgaben

20/100 ○ **1** Geben Sie an, wodurch die Eutrophierung des Goldensees hervorgerufen wurde. Ordnen Sie die beschriebenen Maßnahmen den Sanierungs- bzw. Restaurierungsmaßnahmen zu.

30/100 ◒ **2** Vergleichen Sie den Phosphat-Kreislauf in einem See mit aeroben Bedingungen im Tiefenwasser mit dem Phosphatkreislauf in einem See mit anaeroben Bedingungen [B 2].

20/100 ○ **3** Erläutern Sie, welchen Effekt die verschiedenen Sanierungs- und Restaurierungsmaßnahmen haben sollen.

30/100 ◒ **4** Werten Sie den Erfolg der durchgeführten Maßnahmen aus [B 3, B 4].

Kommt der Große Abendsegler in der Stadt zurecht?

1 Großer Abendsegler (*Nyctalus noctula*)

Wildtiere, so auch Fledermäuse, können in der Stadt überleben, solange sie ausreichend Futter finden. Der Große Abendsegler (*Nyctalus noctula*) [B 1] ist mit einem Gewicht von durchschnittlich 30 g, einer Länge von etwa 8 cm und einer Flügelspannweite von 40 cm eine der größten heimischen Fledermausarten. Er ist ein Insektenfresser und jagt in der Dämmerung seine nachtaktive Beute, meist Nachtschmetterlinge und Käfer. Er fängt und frisst sie im schnellen Flug bei 20-40 km/h. Das Fliegen ist für die Fledermaus eine Höchstleistung: Die Herzfrequenz beträgt beim Fliegen 1100 Schläge/min, in Ruhe 450 Schläge/min. Beim Fliegen ist auch die Atemfrequenz mit 600 Atemzügen/min sehr hoch. Der Große Abendsegler orientiert sich in der Umgebung mit Ultraschall. Auch die Beutetiere lokalisiert er durch Echoortung. Zum Schlafen zieht er sich in verlassene Spechthöhlen zurück oder in andere Unterschlüpfe wie Dachböden oder Mauernischen.

Ein Team von Forschenden veröffentlichte 2023 eine Untersuchung zur Frage, ob Große Abendsegler in der Stadt ausreichend Nahrung finden, um dort langfristig zu überleben. Die Forschenden stellten die Hypothese auf, dass Große Abendsegler in städtischen Gebieten aufgrund des geringen Nahrungsangebots an Insekten langsamer an Nahrung gelangen und bei ihrer Jagd an kleineren Futterplätzen weniger auf die Kooperation mit Artgenossen angewiesen sind als im ländlichen Gebiet. Dafür wurden die Beutefangverhalten dieser Fledermäuse in der Stadt und auf dem Land verglichen. Die Tiere wurden mit Sendern versehen, sodass ihr Nachverfolgen und ein Protokollieren ihres Verhaltens möglich war [B 2].

Beutefangverhalten des Großen Abendseglers	im städtischen Gebiet	im ländlichen Gebiet
Beutesuche	hauptsächlich in Parks, auf Friedhöfen, in Alleen, rund um Flutlichtanlagen	hauptsächlich in Laubwäldern oder an den Rändern der Wälder, über Weiden und Wiesen, über Fließ- und Stillgewässern, an Flussufern
Fluggeschwindigkeit	vergleichbar mit Land (6,6 m/s)	vergleichbar mit Stadt (7,0 m/s)
Größe der Beuteinsekten	vergleichbar mit Land (39 rel. Wert)	vergleichbar mit Stadt (41 rel. Wert)
Jagderfolg	2,4 Insekten/min	6,3 Insekten/min
Gesamtmenge an Beute	179 Insekten/Suche	377 Insekten/Suche
Flughöhe	20 – 100 m	20 – 50 m
Körperbeschleunigung	2205 m/s^2	1181 m/s^2
Kooperation bei Jagd	32 % der Tiere	59 % der Tiere

2 Vergleich des Beutefangs der Großen Abendsegler in der Stadt und auf dem Land

Aufgaben

20/100 ○ **1** Geben Sie abiotische und biotische Umweltfaktoren an, die für den Großen Abendsegler von Bedeutung sind.

30/100 ◒ **2** Vergleichen die Beutefangverhalten der Großen Abendsegler im städtischen und ländlichen Gebiet [B 2]. Nehmen Sie Bezug zur Hypothese, die von den Forschenden aufgestellt wurde.

30/100 ◒ **3** Stellen Sie eine Hypothese auf, ob der Große Abendsegler langfristig in der Stadt gut zurecht kommt [B 2].

20/100 ○ **4** Formulieren Sie Ratschläge für politische Entscheidungsträger zur Gestaltung einer fledermausfreundlichen städtischen Umgebung.

Quellennachweis

Fotos und Grafiken

U1.1 plainpicture GmbH & Co. KG, Hamburg (DEEPOL by plainpicture/Michael Nolan); **4.1** Getty Images Plus, München (iStock/Goldi59); **4.2** Getty Images Plus, München (iStock/Paul_Cooper); **4.3** Nehren, Otto, Achern; **4.4** Nehren, Otto, Achern; **5.1** stock.adobe.com, Dublin (Fotolyse); **5.4** Nehren, Otto, Achern; **6.1** Schobel, Ingrid, Hannover; **6.2** Schobel, Ingrid, Hannover; **7.1** Thinkstock, München (Hemera/Katarzyna Bialasiewicz); **7.2** Nehren, Otto, Achern; **7.3** Nehren, Otto, Achern; **8.1** Getty Images Plus, München (iStock/DINphotogallery); **8.2** Herzig, Wolfgang, Essen; **9.1** Getty Images Plus, München (iStock/Harry Collins); **9.2** Schobel, Ingrid, Hannover; **9.3** Herzig, Wolfgang, Essen; **10.1** Nehren, Otto, Achern; **10.2** Nehren, Otto, Achern; **10.3** Nehren, Otto, Achern; **11.1** Alamy stock photo, Abingdon (Brian Hird (Wildflowers)); **11.2** stock.adobe.com, Dublin (Tamara Kulikova); **12.1a** Schobel, Ingrid, Hannover; **12.1b** Schobel, Ingrid, Hannover; **12.1c** Balonier, Matthias, Lützelbach; **12.1d** Getty Images Plus, München (istock/Dissoid); **12.2** Nehren, Otto, Achern; **13.1** Herzig, Wolfgang, Essen; **15.1** stock.adobe.com, Dublin (diyanadimitrova); **15.2** Nehren, Otto, Achern; **15.3** Nehren, Otto, Achern; **16.1** Alamy stock photo, Abingdon (Genevieve Vallee); **16.2** stock.adobe.com, Dublin (aedkafl); **16.3** Alamy stock photo, Abingdon (imageBROKER/Christian Hütter); **16.4** Mauritius Images, Mittenwald (imageBROKER/Marko König); **17.1** Getty Images Plus, München (iStock/MikeLane45); **17.3** Nehren, Otto, Achern; **17.4** Nehren, Otto, Achern; **18.1** Nehren, Otto, Achern; **18.2** Nehren, Otto, Achern; **18.3** Nehren, Otto, Achern; **19.1a** Alamy stock photo, Abingdon (Wibke Woyke); **19.1b** ShutterStock.com RF, New York (Rudmer Zwerver); **19.2** Nehren, Otto, Achern; **20.1** Getty Images Plus, München (Stockbyte/Fred Bruemmer); **20.2** dreamstime.com, Brentwood, TN (Dgmate); **21.2** stock.adobe.com, Dublin (Aleksey Stemmer); **22.1** Getty Images Plus, München (iStock/Banu R); **22.2** Schobel, Ingrid, Hannover; **22.3** Herzig, Wolfgang, Essen; **23.1** Getty Images Plus, München (iStock/Love Employee); **23.2** Herzig, Wolfgang, Essen; **23.3** Herzig, Wolfgang, Essen; **24.1** Alamy stock photo, Abingdon (Mark Dunn); **24.2** IMAGO, Berlin (blickwinkel); **24.3** Alamy stock photo, Abingdon (Arco/G. Lacz); **24.4** https://creativecommons.org/licenses/by-sa/4.0/deed.de, Mountain View (By Leandro J.C.L. Moraes, Alexandre P. de Almeida, Rafael de Fraga, Rommel R. Zamora, Renata M. Pirani, Ariane A.A. Silva, Vinícius T. de Carvalho, Marcelo Gordo, Fernanda P. Werneck. - https://zookeys.pensoft.net/article/20288/, CC BY-SA 4.0, https://commons.wikimedia.org/w/index.php?curid=64703936); CC-BY-SA-4.0 Lizenzbestimmungen: https://creativecommons.org/licenses/by-sa/4.0/legalcode, siehe *3; **24.5** ShutterStock.com RF, New York (Dirk Ercken); **24.6** stock.adobe.com, Dublin (Ivan Kuzmin); **25.1** Getty Images Plus, München (iStock/FrankRamspott); **26.3** Herzig, Wolfgang, Essen; **27.1** Alamy stock photo, Abingdon (All Canada Photos/Wayne Lynch); **27.2** ShutterStock.com RF, New York (Brenda Carson); **27.3** Nehren, Otto, Achern; **28.1** stock.adobe.com, Dublin (fatih nebioglu); **28.2** Nehren, Otto, Achern; **28.3** Alamy stock photo, Abingdon (Nigel Cattlin); **28.4** Nehren, Otto, Achern; **29.1** Nehren, Otto, Achern; **29.2** Nehren, Otto, Achern; **29.3** Nehren, Otto, Achern; **30.1** Schobel, Ingrid, Hannover; **31.1** stock.adobe.com, Dublin (Wissmann Design); **31.3** stock.adobe.com, Dublin (Lefteris Papaulakis); **32.1a** iStockphoto, Calgary, Alberta (Yi Liu); **32.1b** Okapia, Frankfurt (Nigel Cattlin/Holt Studios); **32.2a** Nehren, Otto, Achern; **32.2b** Nehren, Otto, Achern; **33.1** gemeinfrei (By Unknown author - http://wfrc.usgs.gov/research/aquatic%20ecology/STRodriguez3.htm, Public Domain, https://commons.wikimedia.org/w/index.php?curid=7589163); **33.2** Nehren, Otto, Achern; **33.3** Nehren, Otto, Achern; **34.1** Nehren, Otto, Achern; **34.2** Nehren, Otto, Achern; **34.3** Nehren, Otto, Achern; **35.1** stock.adobe.com, Dublin (Dagmara_K); **35.2** Nehren, Otto, Achern; **35.3** Nehren, Otto, Achern; **36.1** Nehren, Otto, Achern; **36.2** Nehren, Otto, Achern; **36.3** Nehren, Otto, Achern; **36.4** Nehren, Otto, Achern; **36.5** Nehren, Otto, Achern; **37.1** iStockphoto, Calgary, Alberta (Joy Prescott); **37.2** Getty Images Plus, München (iStock/KenCanning); **37.3** Nehren, Otto, Achern; **37.4** Nehren, Otto, Achern; **37.5** Nehren, Otto, Achern; **38.1** Getty Images Plus, München (E+/brytta); **38.2** Nehren, Otto, Achern; **38.3** Nehren, Otto, Achern; **39.1** Getty Images Plus, München (iStock/wrangel); **39.2** Thinkstock, München (iStock/Krzysztof Odziomek); **40.1** Nehren, Otto, Achern; **40.2** Nehren, Otto, Achern; **41.1** Wirth, Jürgen, Dreieich; **41.2** Schobel, Ingrid, Hannover; **42.3** Schobel, Ingrid, Hannover; **42.4** Herzig, Wolfgang, Essen; **42.5** Schobel, Ingrid, Hannover; **43.1** Schobel, Ingrid, Hannover; **43.2** Herzig, Wolfgang, Essen; **44.1** Nehren, Otto, Achern; **44.2** Nehren, Otto, Achern; **45.1** Schobel, Ingrid, Hannover; **45.2** Schobel, Ingrid, Hannover; **45.3** Schobel, Ingrid, Hannover; **46.1** Getty Images Plus, München (iStock/ANGHI); **46.2** Schobel, Ingrid, Hannover; **46.3** Schobel, Ingrid, Hannover; **46.4** Schobel, Ingrid, Hannover; **47.1** 123rf Germany, c/o Inmagine GmbH, Nidderau (Alexey Strelyuk); **47.2** Schobel, Ingrid, Hannover; **47.3** Schobel, Ingrid, Hannover; **48.1** Schobel, Ingrid, Hannover; **48.2** Schobel, Ingrid, Hannover; **49.1** Schobel, Ingrid, Hannover; **49.2** Schobel, Ingrid, Hannover; **50.1** Getty Images Plus, München (iStockGeorgiy Datsenko); **50.2** Herzig, Wolfgang, Essen; **51.1** stock.adobe.com, Dublin (kernel); **51.2** Schobel, Ingrid, Hannover; **51.3** Schobel, Ingrid, Hannover; **51.4** Schobel, Ingrid, Hannover; **52.1** Herzig, Wolfgang, Essen; **52.2** Herzig, Wolfgang, Essen; **53.1** Herzig, Wolfgang, Essen; **54.1** Getty Images Plus, München (iStock/Zdenek Macat)

*3 Lizenzbestimmungen zu CC-BY-SA-4.0 siehe: http://creativecommons.org/licenses/by-sa/4.0/legalcode

1. Auflage 1 5 4 3 2 1 | 28 27 26 25 24

Alle Drucke dieser Auflage sind unverändert und können im Unterricht nebeneinander verwendet werden.
Die letzte Zahl bezeichnet das Jahr des Druckes.

Autorinnen: Lilla-Eliza Hell, Hanna Eckebrecht

Entstanden in Zusammenarbeit mit dem Projektteam des Verlages.

Gestaltung: KOMA AMOK®, Kunstbüro für Gestaltung, Stuttgart
Umschlaggestaltung: KOMA AMOK®, Kunstbüro für Gestaltung, Stuttgart
Druck: Plump Druck & Medien GmbH, Rheinbreitbach

Printed in Germany
ISBN 978-3-12-049015-9

9 783120 490159